Dadores de vida

Rev. Myca Belknap

© 2018 Firebrands 616
Firebrands 616 Ministries Publishing

www.firebrands616.com
editado por David Belknap

Recursos

1. Publications, A. U. (n.d.). The amazing name Abarim: meaning and etymology. Retrieved December 26, 2016, from http://www.abarim-publications.com/Meaning/Abarim.html#.V9R3IZMrLVo
2. Mirror Bible. By Francois Du Toit. © 2012 by Mirrorword Publishing.
3. All Scripture referenced is from the King James Version unless otherwise noted.
4. Amplified Bible. Scripture quotations taken from the Amplified® Bible (AMP),
Copyright © 2015 by The Lockman Foundation. Used by permission. www.Lockman.org
1. St. Photini, the Samaritan Woman. (n.d.). Retrieved December 26, 2016,
1. (n.d.). Retrieved December 27, 2016.
2. NIV, The Holy Bible, New International Version. Grand Rapids: Zondervan House, 1984. Print.
3. Hard Sayings of the Bible by Walter C. Kaiser, Peter H. Davids, F. F. Bruce, and Manfred Brauch
4. NKJ, New King James Version. Scripture taken from the New King James Version®. Copyright © 1982 by Thomas Nelson. Used by permission. All rights reserved.Chapters

Capítulos

Prefacio: ¿Ves lo que veo? 4

La imagen y semejanza 5

Fuerza que da vida 19

La viuda de Sarepta 31

Desvelando el destino 39

El pozo de último recursos 53

Una vida de perdón 61

El camino de la vida 69

Desarrollando en camino 73

Epilogo: Tapiz 77

Prefacio

¿Ves lo que veo?

Me miré en el espejo, ¿qué cara vi?

Este imagen no se parece a mi,

Pero, espera, ¿qué es eso? Hay algo más aquí ...

El verdadero yo escondido, un reflejo, oscuro apareció

La que es Gloria, la que es amor.

Vela brillar, de arriba esplendor.

La verdad reveladora, estaba ensombrecida en el barro.

Gloria, emergente, un capullo de rosa floreciente.

¡Hola, Gloria! Un mundo oscuro ansioso espera.

Ven, levántate y brilla, disminuye las tinieblas.

El futuro contienes, dulce, encantadora Dadora de vida.

Toda esperanza de salvación en tu vientre se desarrolla.

levántate en poder, Mujer de Dios, portadora de gloria.

Dando a luz en la oscuridad, su luz reveladora.

Me miré en el espejo, ¿qué cara vi?

Resplandeciente novia en blanco,

frente a mi gloria brillando.

2 Cor. 3:18; Gen.3:15; Isa. 60:1-3

La imagen y semejanza

En el fondo, sabemos que hay más de lo que somos, o al menos fantaseamos con lo que somos. Innumerables películas de héroes y villanos con superpoderes, haciendo cosas extraordinarias, convirtiéndose en algo más ganan millones de dólares cada año en nombre del entretenimiento llenando los cines y nuestros imaginaciones. Estos escapes se alimentan de nuestro anhelo interior para llegar a ser más. Pero, ¿qué si ese "más" en el que queremos convertirnos ya está ahí, dormido debajo de un velo? Ocultado a simple vista, pero invisible. ¿Qué pasaría si pudieras mirar más allá de tu cabello, ojos o cuerpo físico? Esas cosas son superficiales y no definen realmente quién eres.

La apariencia externa y los cuerpos naturales son de hecho necesarios y merecen cuidado y apreciación.

Sin embargo, eso no es lo que somos, y realmente no son la razón por la que somos amados y deseados. Nuestra "esencia"; personalidad, carácter y pasiones, aquellas cosas duraderas que no se desvanecen con la edad, sino más bien, como un buen vino se vuelve más rico, son una parte más profunda de nosotros. Incluso entonces, estos atributos más allá de nuestro exterior parecen estar fuera del alcanzo. Para más ¿Hay algo más allá? ¿Algo más? ¿Hay una cualidad brillante e intangible que reside fuera del ámbito de los sentidos naturales? Los científicos a menudo lo han llamado química o atracción. Los espiritistas y los gurús del liderazgo lo llaman carisma. Algunos incluso lo llaman el factor X. No es cuantificable, pero es innegable. Nuestra identidad inmortal, la más buscada por toda su vida, está debajo, detrás o quizás enterrada dentro de estas características superficiales.

El mecanismo de autodefensa de nuestro ego y los años de programación social y religiosa complican aún más el descubrimiento del "verdadero yo". Nuestros deseos secretos de auto-exaltación, gratificación y preservación toman las realidades tanto dentro como a nuestro alrededor, torciendo nuestros caminos de descubrimiento en una niebla indiscernible. Pronto, la mayoría encuentra que existen limitaciones en las formas en que podemos mejorar o cambiar su apariencia externa, y terminamos frustrados y deprimidos o, aún más peligroso, diluidos en pensar que hemos llegado al destino a través de nuestros esfuerzos de superación personal. Tales se promocionan a sí mismos como algún tipo de estándar y juzgan a los demás basado en si están a la altura de su propio estándar o imagen.

Estos métodos externos pueden ser buenos para nuestro salud y pueden hacer que (al menos temporalmente) nos sintamos mejor; sin embargo, son fugaces y no satisface nuestro anhelo interno por algo que no podemos nombrar con exactitud. El mundo está lleno de gente infeliz "exitosa" y "hermosa" inclinada hacia un curso autodestructivo.

Comenzamos como niños llenos de imaginación y un autoconcepto que es casi de otro mundo. ¡Realmente creemos que podemos volar! En algún momento a lo largo del camino de lo que el mundo considera cómo madurando, perdemos esa visión y la intercambiamos por una que nos dice que no somos lo suficientemente buenos. Tal y como somos no es suficiente digno como para merecer el amor o hacer una diferencia en el mundo. Así comienza la búsqueda de ... algo.

¿Alguna vez has conocido a alguien que parece no tener edad? ¿Alguien cuya belleza parece crecer con el paso de los años? Luego hay otros que lucen el doble de su edad. Algunos dirían que acaban de tener una vida difícil, o es el resultado de su genética. ¿Por qué la dureza de la vida arrastra a algunos a la amargura y catapulta a otros a un mayor carácter que profundiza su belleza más allá de una fachada superficial de Hollywood? ¿Es todo genética? O bien, ¿hay algo más?

Unos meses antes de que naciera nuestra hija, Serena, estaba en el consultorio del médico para un chequeo. En ese momento, nos habíamos mudado recientemente a una nueva ciudad, estábamos retados financieramente y en medio de lidiar con algunas luchas muy desgarradoras con nuestro hijo menor. La vida estaba llena de factores estresantes, por decir lo menos. Después de revisar mi presión arterial y signos vitales, el médico dijo algo que me hizo reír a carcajadas al principio y luego me pregunté después. Él dijo: "¡Caray! ¡Debes tener casi ningún estrés en tu vida! "Se refería a mi apariencia juvenil y baja presión arterial. Él no podría haber estado más lejos de la verdad.

De hecho, las historias de noticias abundan de familias en situaciones similares a las nuestras que terminaron en divorcio, ruina financiera e incluso intentos exitosos e infructuosos de asesinato-suicidio. Entonces, ¿por qué hay tantos en modo de autodestrucción y otros aparentemente bien ajustados? No voy a descartar la posibilidad de que muchos puedan estar luchando contra una enfermedad mental, y que realmente hay innumerables variables involucradas. Todo lo que puedo hacer es compartir mi historia y esperar que a través de todo esto, el viaje termine en los brazos amorosos del Salvador quien nos llama a todos a ser Dadores de Vida.

Digo "Dadores de vida" en lugar de "Salvadores de vida" porque cualquiera puede ser entrenado en cómo salvar una vida. Para dar vida, deben estar presentes ciertas cualidades que no pueden adquirirse a través de la formación. Deben venir desde dentro. No pueden ser disimulados, fingidos o aprendidos. La vida debe ser despertada. Es maravilloso, milagroso y misterioso cuando algo nuevo se engendra y nace. A este misterio somos llamados. Hay más para ti de lo que se ve a simple vista. Sin embargo, sólo puedes ser lo que puedes ver. Para entrar en ese "algo más", debe ocurrir un despertar de aquello que nunca se imaginó o soñó que fuera posible.

En 2 Corintios 4:16-18 dice: "16 Por tanto, no desmayamos; antes aunque este nuestro hombre exterior se va desgastando, el interior no obstante se renueva de día en día. 17 Porque esta leve tribulación momentánea produce en nosotros un cada vez más excelente y eterno peso de gloria; 18 no mirando nosotros las cosas que se ven, sino las que no se ven; pues las cosas que se ven son temporales, pero las que no se ven son eternas (RVR1060)." Nuestra realidad está formada por la forma en que percibimos a nosotros mismos, a Dios y al mundo en que existimos. Si creemos que el mundo está en contra de nosotros encontraremos retos por todos lados. Pero, si verdaderamente creemos que Dios es para con nosotros, aunque hayan retos, todo saldrá bien.

Podemos elegir fijar nuestros ojos, o enfocarnos en lo que sea que elijamos. En medio de desalentadoras circunstancias naturales, hay un "invisible" que es tan (incluso más) real que lo que estamos viviendo actualmente. El apóstol Pablo escribió como un hombre libre desde la cárcel porque había aprendido el secreto de vivir desde arriba (los lugares celestiales). Podemos vivir desde más allá de lo que se ve inmediatamente y desde un lugar de realidades más elevadas y más duraderas. Nuestros problemas, como se destaca en el pasaje anterior, son preocupantes porque los acontecimientos contradicen lo que creemos que es la forma en que deben ir las cosas. Los problemas o el sufrimiento desafían nuestra percepción de la realidad y nos da la oportunidad de convertirnos en ese "algo más" que hemos estado buscando.

Cuando era adolescente, solía mirarme en el espejo (como muchas chicas de mi edad), e inmediatamente notaba las cosas de mi aspecto físico que no me gustaban. Mirando hacia atrás a mis fotografías de la escuela secundaria, lo que daría por tener "ese" cuerpo de vuelta. El simple paso del tiempo me ha hecho muy consciente del poder de la percepción. No era super insegura ni paralizada de ninguna manera. No pasé horas maquillándome o tratando de domesticar mis rizos rebeldes, pero definitivamente no "vi" toda la belleza que veo ahora. Si tan solo pudiera haberme percibido a través de los ojos del "futuro yo". Me pregunto qué diría el "futuro yo" del "ahora yo". El hecho del asunto es que el yo adolescente es el "ahora yo", y el "ahora yo", es el futuro para mí. Porque, como Dios, soy eterno, y la eternidad se está desarrollando ya en y través de mí. ¿Cómo puedo comenzar a percibirme a mí misma a través de ojos menos egoístas y menos concentrada en mi misma?

El dicho de usar un "par de ojos nuevos" adquiere un nuevo significado. Hay un par de ojos nuevos a mi disposición cada momento de cada día. Estos ojos nuevos en verdad son antiguos, pues son mis ojos eternos nacidos del Rey eterno quien me creó. Este par de ojos está iluminado por un amor apasionado tan profundo que no hay medidas demasiadas drásticas, ningún sacrificio demasiado grande para restablecer mi percepción de mí misma.

    Aunque no me di cuenta en ese momento, mi verdadero problema no era mi apariencia física, sino una lucha con mi propia identidad. La razón por la que no pasé incontables horas maquillándome, enderezándome los rizos y preocupándome por mi apariencia era porque siempre he tenido esta voz beligerante y molesta en mi interior gritando: –¡Eres suficiente exactamente como eres! – Al mismo tiempo, otra voz que grita: –¡No vales la pena!

¡No cambiará nada, de todos modos! ¡Eres imperfecta, y ninguna cantidad de maquillaje puede arreglar eso!– Sin saberlo, el Espíritu Santo me estaba llevando en un viaje de descubrimiento. No un auto-descubrimiento humanista para justificar mi quebrantamiento y permitirme despedir y descartar a cualquiera que no me quiera.

Nada es más restrictivo y vinculante que un espíritu orgulloso. Este es un camino antiguo hacia un descubrimiento más profundo y más importante. Este descubrimiento me permite abrazarme donde estoy en el viaje, y agrega una nueva compasión y aceptación por los demás, independientemente de dónde se encuentren en su propio viaje. Quienes realmente se aceptan a sí mismos y están seguros de sí mismos son los que no sienten la necesidad de luchar por sus derechos o defender sus posiciones, sino que abren sus brazos en compasión a los demás que solo desean que ellos también encuentren su camino. En lugar de responder al rechazo de los demás con autodefensa y confrontación, el alma verdaderamente liberada responde con un anhelo por la libertad de esa persona. Esto es lo que Jesús hizo en la cruz cuando dijo: "Padre, perdónalos, no saben lo que hacen." Jesús se dio cuenta de que era su propia esclavitud lo que los impulsó a perseguirlo. ¿Cómo llegamos allí? ¿Cómo encontramos nuestro camino hacia ese estado de aceptación y ser?

Con cada experiencia, momento de realización, angustia y alegría estamos siendo empujados en la dirección de la verdad. Como una niña cuando aprende a caminar por primera vez, cada paso produce diferentes emociones, pero cada una es tan importante como la anterior. Cada una nos acerca a un destino que no podríamos haber imaginado porque no tenemos un marco de referencia. Sólo deseo. Un profundo anhelo y frustración por ese "algo" que no podemos ver. Ese "algo sin nombre" parece siempre fuera de nuestro alcance. Para agregar a la agitación, como el mensajero de Pablo enviado para abofetearlo, está nuestro sistema de creencias religiosas. –¡¿Cómo podría yo, un cristiano nacido de nuevo, seguir caminando, más aún, tropezando, en tanta oscuridad ?!– La pregunta plagó mi alma durante la mayor parte de mi vida, aunque la reprimí y la ignoré por la mayoría del tiempo.

En uno de mis tiempos devocionales, alrededor de los 16 años, leí los Salmos 139: 13-15: "Porque tú formaste mis entrañas; Tú me hiciste en el vientre de mi madre. 14 Te alabaré; porque formidables, maravillosas son tus obras; Estoy maravillado, Y mi alma lo sabe muy bien. 15 No fue encubierto de ti mi cuerpo, Bien que en oculto fui formado, Y entretejido en lo más profundo de la tierra."

Mientras leía esos pocos versos, una niebla comenzó a levantarse, como abrir los ojos aturdidos después de una larga noche de sueño. La verdad del propósito de Dios para mí estaba despertando, apareciendo a la vista. ¡Al menos así se sintió en ese momento! ¿El primer paso de mi viaje? Tenía que confiar en que Él quien me creó, también me ama, y me hizo complacer a sus ojos. Auto-aceptación. Volví a mirarme al espejo y, en lugar de ver la piel demasiada pálida o las pestañas muy dispersas, vi unos ojos azules radiantes que revelaban un alma profundamente apasionada. Vi rizos rojos salvajes para que coincida con mi alma ardiente. Vi mi cuerpo pequeño (apenas 44 kilos), y me reí al darme cuenta de que el Dios de todo el Universo habita en mí. ¡Qué sorpresa, de una cosa tan pequeña! Para citar la traducción "Espejo de la Palabra: "1 Pedro 1:15, con cuya idea usted debe comenzar, lo diseñó para irradiar su imagen y semejanza; ¡Él es el verdadero patrón de tu ser! Entonces, ¡sé quien eres en la realización del detalle exacto de tu génesis! Estás completo y en perfecta armonía; perfectamente uno con Él! ".

Una frase de una canción de adoración popular me viene a la mente: "Me sacó de la mugre arcilla ..." Como alguien que había sido enterrado en el foso de alquitrán pegajoso, aunque fui liberada, la mugre todavía estaba pegada a mí. Los efectos no duraron para siempre, y la vida continuó. A veces me olvidaba lo que había aprendido ese día. Poco a poco volvería a caer en los viejos patrones de verme a mí misma como demasiado o no lo suficiente. Ocurrió lentamente como alguien que está siendo devuelto a un sueño profundo.

Periódicamente el Espíritu Santo me lo recordaba de nuevo, y la luz regresaba. Una canción, una escritura o un encuentro con el Espíritu Santo y me despertaba otra vez. Esa brasa de verdad, un conocimiento profundo dentro de mí, cobró vida y se encendía como una llama cuando el "viento del Espíritu" soplaba. Es decir, en los momentos en que mi conciencia espiritual anuló mi conciencia natural. Salir de mi verdadera identidad fue más fácil decirlo que hacerlo. La otra voz: que habla de la imperfección y la ley nunca desapareció ... y se mantiene hasta el día de hoy. Todo mi ego, la justicia propia y la religiosidad se defendieron (y continúan luchando) para regresarme al sueño, pero fue (y es) demasiado tarde. Yo había probado la realidad. La píldora proverbial se había tragada. No se pudo deshacer ni enterrar por mucho tiempo. Ansiaba el "más", y nunca estaría satisfecha con menos.

Esta lección, y su elaboración, conducen a más y más pasos hacia un destino: la identidad restaurada. Más tarde, Dios conectó esta revelación (temerosa y maravillosamente hecha) a Efesios 2:10 "pues somos hechura suya, creados en Cristo Jesús para buenas obras, las cuales Dios preparó de antemano para que anduviéramos en ellas (RVR1995)." La palabra hechura en griego es la misma palabra de la que obtenemos "poema" o "poesía" en español. Tan claro como el día escuché al Espíritu susurrar: "Tienes un propósito, e incluso tu ADN natural, tu físico, tu personalidad, tu dolor, todo lo que has experimentado, todos están trabajando juntos para hacerte y moldearte de acuerdo con propósito. Cuando tratas de ser algo distinto de quien te he creado para que seas, vas contra tu propio ADN ".
Con estos dos versos, como un nuevo par de piernas sobre las que apoyarme, comencé el proceso de aprender a empeñar el camino hacia mi destino. La Biblia Espejo dice el mismo pasaje de esta manera: "Somos diseñados por Su diseño; Él nos moldeó y nos fabricó en Cristo. Somos su obra, su poesía (Dios encuentra expresión inspirada de Cristo en nosotros). Estamos totalmente capacitados para hacer el bien, equipados para dar pruebas atractivas de su semejanza, en nosotros, en todo lo que hacemos. Dios ha hecho todo lo posible para encontrar una expresión espontánea y sin esfuerzo de su carácter en nuestro estilo de vida cotidiano. La palabra, proetoimatso (totalmente), traduce una noción de que Dios tiene preparado una

carretera para que nos guíe como reyes, como la costumbre oriental, donde la gente iría ante un rey para nivelar los caminos y hacer posible que el rey viaje con facilidad y comodidad. (ver Isaías 40: 3-5)." Estoy hecho a imagen y semejanza de Dios. El sendero que camino solo es duro y arduo si elijo hacerlo así porque mi ego necesita ganar algo que fue entregado libremente.

Durante un tiempo, mi ego alimentado por la religión, respondió con una búsqueda dolorosa de algún tipo de título basado en la Biblia. ¿Soy un apóstol? ¿Profeta? ¿Evangelista? ¿Pastor? ¿Maestro? Suenan divertidos e importantes y yo quería divertirme y ser importante. No importa lo que hacía, no encajé en ninguna de las "definiciones aceptables". Casi cuando estaba convencida de que yo era uno, mis líderes dirían "No, no eres _____, eres más _____". ¡De año en año, incluso ellos cambiarían los títulos! Un año era una profeta, otro una maestra, incluso un año era apóstol. Mi crisis se profundizó mientras luchaba con mi propia necesidad de auto-importancia y un implacable deseo de aprobación del hombre. Recuerdo haber lanzado mis manos al aire un día y exclamé con frustración: "¡Me siento como un camaleón espiritual!" Como un niño arrojado a la piscina a quien se le ha dicho: "nada o húndete", traté de mantener mi cabeza arriba del agua de la incertidumbre.

Perdida en las aguas de la confusión, no hubo otra opción. Necesitaba profundamente algún tipo de paso o ritmo para evitar que me hundiera, y nadie podía decirme cómo encontrarlo. A menudo, mi lucha se encontró con "Solo ora, Dios te dirá cuándo es el momento, y todos lo reconocerán porque habrá señales". Entonces adopté el complejo del mártir. Solía decir: "El camino por el que caminas está pavimentado con las piedras que hieren tus pies". En resumen, mi destino era sufrir, y las cosas que soporto ahora son mi insignia de honor. Y así, mi ego fue alimentado y mis demandas religiosas justificadas. Todavía luché con este empujón interior que me impulsaba a saber quién soy.

Poco sabía, con cada encuentro, cada escritura adicional, y acumulando palabras proféticas, mis falsas creencias, mi necesidad de aprobación, mi importancia personal y mi justicia centrada en el ego estaban siendo destronadas (¡no sin una pelea!) para que pudieran ser reemplazado por la "verdad desnuda" - Soy diseñada en la imagen de Dios y de acuerdo a Su semejanza - ya. No más "trabajando para ser más como Dios". No más "convertirse en mejor discípulo". Sólo faltaba el simple descubrimiento, o mejor dicho, des-esconder me. Yo estoy, estuve y continuaré revelando, reflejando y emanando la vida de Dios. Al igual que la Eva pre-caída en el jardín, no se requieren hojas de higuera, solo yo, como soy. Caminando con mi Creador y Amante de mi alma en el fresco del día. Protegida del calor y acariciada por el soplo del Espíritu. Estoy complaciendo. No hay más piedras a punto de ser arrojadas, no más pies magullados.

Finalmente estoy más allá de "probar y ver que el Señor es bueno ..." y encontré mi camino para finalmente aceptar que soy buena, porque Dios hizo "cosas buenas". Mi título es "Yo soy", porque estoy hecha en la imagen y semejanza del Gran YO SOY. Soy suficiente, porque El Shaddai (el Dios que es más que suficiente) me hizo a su semejanza y vive en mí, se expresa a través de mí y me rodea. Y así eres tú, hijo/a de Dios. Eres temerosamente, intencionalmente, perfectamente y maravillosamente hecho. Tú eres "yo soy". Él anhela que tu alma lo sepa muy bien. Sin lugar a dudas, eres radiante y ninguna oscuridad puede resistir tu luz.

Fuerza que da vida

¡Eres un dador de vida! Eres el hermoso poema de Dios. Deje que esa realidad permea tu ser. Deje que la verdad borre los años de mentiras: demasiado, no lo suficiente, sin valor, no deseados, no amados, etc. Cierre sus ojos, respire profundamente y permite que el amor perfecto expulsa todo temor. Resiste la voz dentro de ti y las voces a tu alrededor que dicen que no eres suficiente, que eres demasiado incapaz y que te falta algo. Querido y amado, eres deseado con más pasión e intensidad de la que podrías comprender. Entonces, regresa con frecuencia y bebe profundamente una y otra vez. "¡Es una cosa tan convincente! La búsqueda para mirar dentro, no para detectar fallas, sino para ver a Cristo (Espejo de la Palabra, 2 Corintios 13:5)".

Es hora de volar, en alas remontar.
Es hora de dejar quien eras antes atrás.
Es hora de brillar, es hora de ser.
Es hora de vivir la vida desde la eternidad.
Deja las pesas, deja las mentiras.
Abandone las distracciones, y levántate.
Aquí arriba te he llamado, levántate del suelo.
Te he llamado para ser esto y mucho más.
Así que levántate, amor mío. Toma tu lugar en las alturas.
Sí, a gobernar y reinar, nunca más a la derrota.
El amor siempre gana, así que ponte de pie.
Habla a la montaña, y no mires atrás.
Refleja la luz, disipando toda la falta.
Fe, esperanza y amor, verlos revivir.
Todo lo perdido, roto y vacío interior.
Ver ahora en mi palabra como un espejo.
Quien siempre has sido se está volviendo más claro.
Eres radiante y hermosa.
Una novia en blanco, encantadora y poderosa.

Uno de los primeros mandamientos dados a la humanidad fue ser fructífero y multiplicarse. Estamos diseñados para dar fruto, producir vida, y esa vida es más que niños físicos. Dios le dijo a Adán y Eva que "sean fructíferos, se multipliquen y repongan la tierra ..." De hecho, en Génesis 3:20 a la mujer se le da el nombre de "Eva". El nombre Eva viene del nombre hebreo חַוָּה (Chawwah), que se deriva de la palabra hebrea חוה (chawah) "respirar" o la palabra relacionada חיה (chayah) "vivir".

En Eva vemos una de las características del Espíritu Santo que se muestra: el aliento de vida. La Biblia Amplificada incluso coloca la frase "fuente de vida" junto a su nombre y antes de la declaración "porque ella fue la madre de todos los vivos". Fuiste creada para ser una fuente de vida. Una fuente de vida, refrescante, renovada y una parte integral de la fuerza creadora de Dios en la tierra. No eres solo un "soplo de aire fresco". Mujer de Dios, eres la manifestación del Aliento de Vida.

Así que ... ¡sople! En este libro me centraré más en la identidad desde la perspectiva de una mujer. Esto no es para descontar el papel que los hombres juegan en dar vida. ¡Hombre de Dios, tú también (como parte de la imagen y semejanza del YO SOY) eres un dador de vida! ¡La manera en que refleja la naturaleza redentora del Padre es nada menos que la poesía en movimiento! Inclusive, a toda la Iglesia se le nombra Novia del Cordero de Dios.

Desde el principio, Dios ha estado en una misión para restaurar la identidad de su creación (masculina y femenina). Uno de los ejemplos bíblicos en mi propio viaje hacia la identidad fue el relato de La mujer en el pozo en el evangelio de Juan. Cuando Jesús se encuentra por primera vez con la Mujer en el pozo, le pide una bebida. Con esta pregunta aparentemente inocua, Jesús está hablando a su identidad: ella es una fuente de agua espiritual. Ella es una fuente de agua viva, ¡todavía no lo sabe! La identidad solo afecta nuestra existencia a la medida en que se percibe. Me percibí como que necesitaba más para cumplir mi destino en Dios, agradar a Dios y a los demás. Mientras, todo el tiempo, Dios estaba tratando de decirme que ya estoy hecha de manera maravillosa y temerosa.

Mientras Jesús le habla a la Mujer en el pozo, Él ya sabe que ella es una fuente de agua viva. Él lo sabe porque Dios la diseñó de esa manera desde el principio. El propósito de la conversación es hacer que ella lo perciba. Jesús declara que cuando se encuentre con las "aguas vivas" serán como un pozo que "brota" o "manantial de vida". Su mentalidad religiosa (no muy diferente a la mía) la hizo buscar externamente algo que la hiciera "más". A menudo, lo que llamamos revelación, transformación o "vidas cambiadas" es en realidad un encuentro con lo que ya reside en nosotros, simplemente no podemos verlo hasta que lo veamos.

¿Alguna vez se ha enfrentado a un desafío o dificultad para el cual no estaba preparado? Después de que estuviste del otro lado, ¿te dijiste algo así como "no sabía que era capaz de eso"? La Mujer en el Pozo se encontró con las aguas vivas de Jesús y abrió sus ojos al manantial de aguas vivas dentro de ella. Ella no sabía que era capaz de ser una fuente de vida hasta que fue llamada. Como cuando dos espíritus afines se encuentran por primera vez, "un abismo llama a otro bajo el rugido de su cascada" (Salmos 42:7). Ella despertó a su identidad, esa fuente ya estaba dentro de ella. Había estado allí todo el tiempo. ¿Qué está dormido dentro de ti esperando el despertar de la voz de Jesús?

"Jesús le dijo: Dame de beber… mas el que bebiere del agua que yo le daré, no tendrá sed jamás; sino que el agua que yo le daré será en él una fuente de agua que salte para vida eterna."(Juan 4: 7, 14 KJV).

Es posible que sus años de entrenamiento se estén filtrando, pero su sed gana cuando dice "¡Dame de esta agua para que ya no tenga que venir a sacar provecho de este pozo!" Él pozo la ha dejado aún necesitando más. Aunque apaga momentáneamente su sed, en última instancia es insatisfactoria y requiere más esfuerzo cada vez para obtener los mismos resultados de corta duración. El sistema religioso, egoísta de las obras y la ley, como una droga, hizo que volviera a necesitar más y simultáneamente la estaba matando muy lentamente.

Él está tratando de demostrarle que ella es una "fuente de vida", pero ella sigue volviendo a ser dependiente de otra persona para el agua que da vida. Lleva algo de tiempo, pero finalmente logra que ella se dé cuenta de que el "pozo" o "manantial" del que habla no es natural sino espiritual en su interior. Este pozo se "destaparía" cuando ella bebe del "agua" que Jesús estaba ofreciendo.

De hecho, ella bebió de su agua viva. Como un arranque espiritual, cuando bebió esa agua del Espíritu Santo, esa fuerza de Dios que da vida, refresca y crea, no sólo se refrescó, sino que también recuperó parte de su propia identidad fue "resucitada" y fue despertada como una Dadora de vida. ¡y el resultado fue una libertad para cruzar aún más barreras! ¿Cómo lo bebió del agua viva? No por la imposición de manos o la oración de Jesús sobre ella. No ayunando y rezando. Él no respiró sobre ella como lo hizo cuando le dijo a los discípulos que recibieran el Espíritu. Para beber, simplemente actuó de acuerdo con su identidad: fue al pueblo y "derramó agua viva" llevó el mensaje del Mesías. Ella bebió por medio de aceptar y adoptar la verdad que había escuchado: ella era una dadora de vida, una "fuente de vida".

Su encuentro fue muy parecido al que tuvo Rebekah en el pozo de Jacobo. Al venir a regar las ovejas de su padre, el pozo estaba tapado. Estaba oculto por años de dificultades, enseñanza religiosa y tradiciones culturales. La tradición era que debía esperar a los hombres. Es como se hicieron las cosas. Es el orden religioso y cultural ... ¡pero Dios!

Recuerdo el día en que la revelación cayó en mi corazón de que fui diseñada a propósito, por un propósito y la intención de traer vida. Estuve en Panamá en un viaje misionero. Estábamos en una campaña de evangelización para un grupo de personas sin hogar que habían establecido su residencia en una fábrica abandonada. Algunos de los miembros de la iglesia estaban tomando turnos en la plataforma compartiendo sus testimonios, ninguno de los cuales recuerdo porque el Espíritu Santo estaba pasando una película de mi vida a través de mi mente a la velocidad de un rayo. Fue un poco así: el día que nací, salí pies primero. Era una situación peligrosa, y podría haber sufrido todo tipo de lesiones o incluso morir. Dios salvó mi vida para que yo pudiera salvar a otros.

Cuando era pequeña, crecí en el campo de la misión y sobreviví: manejando tiroteos, batallas militares fuera de mi escuela, terroristas en nuestro hogar e innumerables situaciones potencialmente peligrosas para la vida. ¿Por qué? ¡Porque estaba destinada a ser una fuerza que da vida! ¿Cuántas veces se han prolongado o salvado nuestras vidas? Me pregunto si la Mujer en el Pozo tuvo un momento similar.

Después de su encuentro con Jesús, la Mujer en el pozo empeñó un camino nuevo. Sin miedo, incluso sin esfuerzo, corrió hacia la gente del pueblo y declaró lo que le había sucedido. Muchos vinieron a escuchar por sí mismos y creyeron en Jesús. Ella era (y siempre había sido) una fuerza que da vida. Mujer de Dios, independientemente de su comportamiento, su situación (ya sea autoinfligida o como resultado de circunstancias desafortunadas) y su percepción actual de sí mismo, fuiste diseñada divinamente como una fuerza que da vida y sacude la tierra. Estás diseñada y destinada a co-crear la vida eterna con Dios. Al igual que la Mujer en el pozo, estás destinada para dar vida a otras almas sedientas. Estás destinada a despertar más que el deseo carnal. ¡Fuiste diseñada para despertar el Deseo Santo y para nutrirlo, alimentarlo, refrescarlo y cultivarlo hasta el nacimiento! Fuiste diseñada para dar vida.

Aunque el mandato en Génesis de ser fructífero, multiplicar y reponer la tierra puede pertenecer a los niños naturales, sabemos por nuestros estudios de las Escrituras (incluidos los mencionados anteriormente) que Dios usa las cosas naturales para demostrar y comunicar principios espirituales (1 Corintios 15 : 46). Aunque nos beneficiamos de la lección natural, los puntos espirituales son los puntos principales. Jesús declara el mismo principio de dar vida de otra manera a sus discípulos en Juan 15: 5 (Biblia aramea en inglés sencillo) "YO SOY EL DIOS VIVIENTE, La Vid, y ustedes son las ramas; quienquiera que esté conmigo y yo en él, este produce mucho fruto, porque sin mí, no puedes hacer nada ". Así como la vid y la rama trabajan juntas para producir fruto, el Creador del universo está trabajando en, con y a través de ti para producir fruto espiritual. Vida.

Puede que no lo veas o incluso te des cuenta, pero eres más. Fuiste diseñado para el amor, la belleza y el propósito. Tu eres por diseño, hasta tu ADN natural y espiritual, un poema ... una expresión de la imagen divina de Dios. Eres una muestra de Su gloria y estás completamente equipado con todo lo que necesitas para funcionar con éxito como tal.

Considere la parábola del sembrador en Mateo 13. Después de que Jesús contó la parábola a las multitudes, sus discípulos preguntaron sobre su significado. Sabían que Jesús no solo estaba enseñando a los agricultores sobre los principios de la agricultura. La lección espiritual es la importante aquí. Jesús no les estaba proporcionando una nueva "Revelación agrícola" para aumentar sus cultivos. Ellos sabían cómo cultivar. Estaba tratando de usar un suceso cotidiano común para abrir los ojos a los principios espirituales del Evangelio. El Espíritu Santo todavía funciona de esta manera hoy: usar experiencias cotidianas para enseñarnos verdades espirituales. En nuestro viaje hacia el redescubrimiento de nuestra identidad, es importante hacer una pausa y estar presente en el momento para que el Espíritu Santo pueda continuar este trabajo de usar la vida diaria para enseñarnos verdades espirituales. Su explicación comienza en el versículo 18.

En Juan 15:16, Jesús dice: "No me elegisteis vosotros a mí, sino que yo os elegí a vosotros, y os he puesto para que vayáis y llevéis fruto, y vuestro fruto permanezca; para que todo lo que pidiereis al Padre en mi nombre, él os lo dé."

Al final, queda claro que lo que le importa al maestro es el fruto, y nosotros somos sus portadores. De hecho, la fruta es un tema importante en todos los evangelios e incluso en muchas de las epístolas. La fruta es el resultado del deseo, la intimidad y la pasión. La fruta permanece no porque sea fosilizada, sino porque siempre está creciendo, evolucionando y cambiando. Permanece porque dentro contiene la semilla para producir vida también: crear a partir de su propia imagen. Si pensamos en la fruta superficialmente (como solo la parte carnosa que se come), entonces la fruta no "permanece", se consume.

Los agricultores, sin embargo, entienden que la fruta es más que la carne. Fruto significa semilla para la cosecha del próximo año. La semilla significa que seguimos beneficiándonos de la fruta a perpetuidad. Tú, hijo de Dios, eres más que "carne" que eventualmente se consume o se pudre. Dentro de tu cuerpo carnal está la vida (semilla). ¿Te das cuenta de que atado a nuestro "fruto que queda" está "todo lo que le pidas al Padre en Mi Nombre"? Dios usa nuestro pedido (deseo), para promover la intimidad con Él, y para producir el fruto que queda. Cuando nuestros deseos se cumplen, la fruta se produce! Los dadores de vida despiertan los deseos de Dios. Esta es una buena noticia, de hecho. Él nos eligió y nos designó (dadores de vida, diseñados natural y espiritualmente para dar y producir "fruto") para que salgamos y "demos fruto".

¿Por qué es tan importante la fruta? Fuimos creados para coproducir y dar frutos. O daremos el fruto del espíritu o produciremos las obras de la carne. Ambos requieren intimidad. Fruto del Espíritu implica intimidad con Dios. La intimidad con Dios requiere una relación en la que cada parte se esfuerza por complacer y bendecir a la otra.

Lo posterior, fruto de la carne, implica intimidad con el propósito de complacer a uno mismo. En Santiago 4:3, el apóstol se refiere a por qué algunas oraciones de personas no están siendo contestadas. Dice: "Pides y no recibes, porque pides mal, para que puedas consumirlo en tus lujurias". Si solo pensamos en la fruta desde una perspectiva natural, entonces perdemos el significado más profundo y reducimos Nuestra existencia a ser propuestos para la "producción".

Así como no debemos tratar de "usar" a Dios, el Espíritu Santo y la Palabra para simplemente "obtener lo que queremos", Dios no nos está utilizando para obtener lo que Él quiere. Si tomamos esta visión de Dios y nuestra relación con Él, corremos el riesgo de caer en la trampa de extraer nuestro valor de lo que podemos producir. También valoraremos a los demás por lo que pueden hacer por nosotros. Iremos a la iglesia solo por lo que podamos conseguir. Nos convertiremos en consumidores espirituales en lugar de dadores de vida.

La historia está llena de mujeres que son utilizadas por su capacidad de tener hijos y dar placer. Hablando espiritualmente, el fruto no se trata de materialismo o incluso de "buenas obras". La fruta tiene que ver con el subproducto natural de la relación íntima. En definitiva, la vida (como la viviría Dios). La fruta que permanece es la vida eterna. Dios está persiguiendo una íntima relación contigo que es eterna, profunda y sin límites. No busca una existencia sin sentido, sino placer mutuo. Todos deben participar y participar activamente para que la fruta se produzca y "permanezca".

Como todos mis otros encuentros con la revelación de propósito, mi entrenamiento religioso anterior luchó contra la idea de que el regalo de Dios para mí era "grátis". Seguramente debe haber algún requisito, cierta responsabilidad, alguna "cosa" que debo hacer o ser, ¿no? El ego siempre tratará de intervenir y decir: "Entonces, ¿qué significa eso para nosotros, los creyentes de hoy en día y seguidores de Cristo? ¿Cómo utilizamos este conocimiento para informar y guiar nuestras vidas?

Si queremos que sus prioridades sean nuestras, entonces debemos prestar especial atención a los frutos y hacer un algún esfuerzo decidido y concertado para ser una novia fructífera. No solo debemos ser receptores de semillas que fructifican, sino como Eva; Debemos ser una fuerza dadora de vida. Debemos ser la víspera del Nuevo Testamento: la "madre de todo lo que vive" (ingrese la música de tema de superhéroes). Nuestras palabras, acciones y disposiciones deben encarnar este pozo que brota para la vida eterna ". ¿Puedes sentir la presión? ¿El peso de la responsabilidad? ¿¡Qué pasa si fallo!? Y volviendo a la ley, a las obras, al legalismo nos caemos. Y al caer, lo hice!

Amado, para obedecer Su mandamiento, solo tienes una cosa que hacer: ¡ser quien fuiste creado para ser! ¡Se tu! Un manzano no se "enfoca" en producir manzanas. ¡Una vid de uva no se "cuela" para producir uvas! La fruta es un subproducto de la identidad de la planta. Aunque hay ingredientes necesarios como suelo fértil, luz solar y agua, la planta no es responsable de estos. Solo por ser. El jardinero es responsable de suministrar a la planta todas sus necesidades.

Cuando la planta florece y prospera, el jardinero se regocija y se complace. Nuestro "trabajo" es recibir y disfrutar de toda Su bondad. Nuestro trabajo es resistir la fuerza de nuestro ego, religión y sistema mundial que nos grita: "DEBES HACER _____". Para citar al autor de la Biblia del espejo: "El amor, la alegría, la paz, la paciencia, la bondad, la integridad, la humildad y el autocontrol no son emociones frágiles, que se desvanecen, producidas por la fuerza de voluntad. Son el fruto de lo que sabes en tu espíritu para ser verdad acerca de ti. El fruto es la expresión espontánea y sin esfuerzo del carácter del árbol (Espejo de la Palabra)."

Cualquier otra cosa que aprendas, aprende esto. Eres la imagen y semejanza del Dios que te creó. Todo en tu vida que no refleje esa imagen es el resultado de una falta de conciencia de quién eres y quién es Él. ¡Descansa en la conciencia de quién eres realmente! Como la mujer en el pozo, bebe profundamente de las aguas vivas y recuerda quién eres. Haga sus preguntas. Lucha con tus creencias religiosas. Si se distrae momentáneamente y olvida temporalmente, beba profundamente y recuerde nuevamente quién es usted. ¡Permita que el Espíritu Santo trabaje a través de su naturaleza dadora de vida y moldee el deseo en usted para que pueda salir del propósito todos los días! El fruto de su simple "ser" alimentará a otros, y al hacerlo, manifestará la imagen y la semejanza de su Creador, El Shaddai (el que tiene muchos pechos).

La viuda de Sarepta

Antes de volver a la Mujer en el pozo, veamos otro ejemplo bíblico: la viuda de Sarepta. Encontramos su historia en el libro de 1 Reyes, capítulo 17. La palabra del Señor vino a Elías diciéndole que "vaya de una vez" a Sarepta, una región de Sidón, y quédate allí. Anteriormente, Elías había pronunciado al rey Acab que no llovería, y Dios estaba usando cuervos en un arroyo llamado Querit para alimentar al profeta por la mañana y por la noche con pan y carne. Elías había estado sacando su agua del arroyo, pero el arroyo se había secado, así que era hora de mudarse.

Aquí está su historia:

I Reyes 17:7-16 (RVR 1995)

7 Pasados algunos días, se secó el arroyo, porque no había llovido sobre la tierra.

8 Luego llegó a Elías una palabra de Jehová, que decía:

9 «Levántate, vete a Sarepta de Sidón y vive allí; ahí le he dado orden a una mujer viuda que te sustente.»

10 Entonces él se levantó y se fue a Sarepta. Cuando llegó a la puerta de la ciudad, había allí una mujer viuda que estaba recogiendo leña. Elías la llamó y le dijo:

—Te ruego que me traigas un poco de agua en un vaso para que beba.

11 Cuando ella iba a traérsela, él la volvió a llamar y le dijo:

—Te ruego que me traigas también un bocado de pan en tus manos.

12 Ella respondió:

—¡Vive Jehová, tu Dios, que no tengo pan cocido!; solamente tengo un puñado de harina en la tinaja y un poco de aceite en una vasija. Ahora recogía dos leños para entrar y prepararlo para mí y para mi hijo. Lo comeremos y luego moriremos.

13 Elías le dijo:

—No tengas temor: ve y haz como has dicho; pero hazme con ello primero una pequeña torta cocida debajo de la ceniza, y tráemela. Después la harás para ti y para tu hijo.

14 Porque Jehová, Dios de Israel, ha dicho así: "La harina de la tinaja no escaseará, ni el aceite de la vasija disminuirá, hasta el día en que Jehová haga llover sobre la faz de la tierra."

15 La viuda fue e hizo como le había dicho Elías. Y comieron él, ella y su casa, durante muchos días.

16 No escaseó la harina de la tinaja, ni el aceite de la vasija menguó, conforme a la palabra que Jehová había dicho por medio de Elías.

Tal vez usted haya escuchado esta famosa historia docenas de veces como yo. Me lo contaron casi exclusivamente desde el punto de vista de cómo Dios provee por sus "profetas" ... oh, y en ocasiones como un estímulo para dar financieramente a mi pastor, iglesia o ministro ambulante. Si damos, me dijeron, a los profetas aún en nuestra propia necesidad (como viudas pobres), Él también nos sostendrá. Aunque hay mérito en dar desinteresadamente en nuestro tiempo de necesidad de ayudar a otro, creo que hay mucho más en esta historia.

Una mirada más profunda, creo, a la viuda misma tiene mérito. Si los orígenes de la viuda no fueran importantes, el lugar, Sarepta, no habría sido mencionado. Además, el hecho de que ella fuera viuda es importante. El verso podría haber leído "una cierta mujer" o simplemente "una mujer". Para el caso podría haber dicho un ciudadano, o habitante. Entonces, debemos concluir que la "mujer de Zeraphath" es significativa.

Según el Diccionario Bíblico Ilustrado, Sarepta significa "un taller para la refinación y fundición de metales". Era una pequeña ciudad fenicia, ahora conocida como Surafend. Estaba a una milla de la costa, casi a mitad de camino en la carretera entre Tiro y Sidón. Jesus habla de la misma viuda en el Nuevo Testamento (Lucas 4:26). Según las Publicaciones Abarim, Sidón en hebreo bíblico tiene un significado relacionado con la comida, la caza y un bastión o fortaleza. Algunas traducciones bíblicas hacen de la ciudad una especie de pesquería. Como tal, la ciudad debería haber sido un gran lugar para encontrar comida, sin embargo, debido a la sequía, esta viuda estaba preparando su comida final para ella y su hijo.

Imaginemos por un momento la situación de esta mujer. Primero, ella es viuda. Tiene un hijo que cuidar, que vive entre los cazadores, pero no tiene a nadie que proteger o proveer para su pequeña familia. Ella está por su cuenta. Basta con decir que la paternidad soltera es difícil, pero en tiempos bíblicos, habría sido una situación imposible. Ella no tiene derechos, no tiene recurso. Por sus palabras y tono, ella se ha rendido y lo más probable es que haya sucumbido a la depresión. Sus circunstancias no son culpa suya, ella es víctima de vivir bajo un rey injusto (Acab). Su situación es grave. Urgente.

Dios le dice a Elías "levantate y vete". Seguramente esta urgencia no es para el beneficio de Elías. El Dios que secó la lluvia, sostuvo el arroyo y ordenó a los cuervos, podría haberle dicho tan fácilmente que golpeara una roca, pudo haber enviado un ángel o brindado un manantial. La urgencia era para la viuda. (¿Estás viendo una similitud con la mujer en el pozo?) Además, Dios le dice a Elías que ya le ha ordenado a la viuda que lo alimente. ¿Qué pasaría si el arroyo y los cuervos fueran sólo marcadores de posición hasta que el verdadero proveedor de Dios estuviera listo? ¿Qué pasaría si todas las circunstancias, la angustia y la tragedia por la que había pasado esta mujer fueran su horno? ¿Una olla de fundición para llevarla a un lugar donde pueda revelar su verdadera identidad como Dadora de vida?

Como la mujer en el pozo, ella no está sin fe. Cuando Elijah le pide agua, ella no titubea en ir a buscar un poco. De hecho, Dios incluso le dice a Elías que la ha preparado para su llegada. Claramente no le faltaba agua, lo cual dice mucho para un tiempo de sequía. Sin embargo, cuando él pide comida, ella responde con los "hechos". Elías responde, asegurándole la promesa de Dios, que aunque Dios le pide que nutra a Elías, al hacerlo así, su "provisión" no se agotará durante la sequía. Esta mujer valiente elige creer lo que Dios le ha dicho acerca de ella y confirmado a través de Elías. Ella no tiene nada que perder (o eso cree). Sin embargo, al abrir su escaso suministro natural, transforma su desierto en un jardín. La muerte inminente de ella y su hijo se transforma en una vida preeminente.

Semejante al encuentro de la mujer samaritana en el pozo con Jesús, Elías fue dirigido a ir a la ciudad de Sidón "levántate y vete". El relato en Juan dice que Jesús "debe ir a Samaria". Ambos fueron dirigidos específicamente a lugares que normalmente habrían evadido. Sidón era una región de los cananeos, y un perseguidor de los judíos, similar a la animosidad encontrada entre los judíos y los samaritanos. Ambas mujeres sufrieron dificultades y se encontraban en situaciones desesperadas. Al igual que la mujer samaritana, la viuda de Sarepta, fue elevada de una muerte cercana a una vida llena de propósito. No sólo para ella pero para su hijo y Elías también. Además, al igual que la mujer en el pozo, su declaración sobre su falta, se encuentra con palabras de aliento no con regaños. Se le anima a "haz lo que haz dicho" y seguir la Palabra del Señor a pesar de que los riesgos pueden ser grandes. Una relación se desarrolla y continúa mientras le proporciona a Elías un lugar refrescante y él le proporciona ánimo y bendiciones espirituales. Ambas mujeres extrajeron de sus pozos naturales y espirituales para traer vida, alimento y luz a los demás.

Salmos 23: 5-6 dice: "Aderezas mesa delante de mí en presencia de mis angustiadores; unges mi cabeza con aceite; mi copa está rebosando. 6 Ciertamente, el bien y la misericordia me seguirán todos los días de mi vida, y en la casa de Jehová moraré por largos días."

Dios no sólo preparó el alimento para Elías en medio de una ciudad hostil, sino que también proveyó para la viuda y su hijo en medio de sus enemigos: una cultura hostil, falta, depresión y abandono.

De la misma manera, Dios ha provisto alimento para tu alma incluso en medio de tus enemigos. Tal vez usted no está enfrentando una hambruna física. Tal vez usted no está viuda. Te garantizo que tienes retos y oportunidades para desesperarte. Tu creador ha hecho provisión para ti. Tienes dentro de ti un pozo de suministro del que puedes ser completamente inconsciente. Todas sus pruebas, luchas y tragedias infligidas sean por tu propia hazaña o por resultado de injusticias han servido como un horno. Un tipo de olla de fundición. Un viento fuerte te empuja a lo largo de un curso determinado desde antes de los cimientos del mundo. Un destino para ti está en el corazón y la mente de Dios.

Este destino es para que descubres, destapes y reveles tu identidad como una fuerza que da vida. Tu amoroso Padre Dios ha preparado una mesa para ti en presencia de los enemigos de tu alma. Es hora de acercarse a la mesa y comenzar a deleitarse con Sus provisiones divinas para tu vida (espíritu, alma y cuerpo). Creo que es esta mesa, y mi participación en ella que ha hecho la diferencia en mi propia hambruna. Amados, es hora de destapar el pozo y dejar que salgan los manantiales.

Oro que las mujeres de hoy, samaritanas y viudas de Sarepta se unen también a la audaz aventura del descubrimiento. A medida que nos encontremos con El Agua Viva, oro que las aguas de la vida dentro de nosotros crezcan. Únete a las filas de mujeres como Éster, Debora, Jael, Hanah, María Magdalena, Rut, Naomi, Ana, Phoebe, Priscilla y muchas más que abrieron sus ojos a los propósitos de Dios que dan vida.

Desvelando tu destino

Hemos sido llamados al Reino de Dios para este tiempo y para un propósito específico. Muchos, como Esther, la mujer samaritana y la viuda de Sarepta se encuentran en circunstancias que no son de su elección. Los fariseos y los "Amanes" en su vida, ya sea de otros o de su propio "fariseo interior", pueden decirle que su situación es culpa suya. Que usted merece lo que ha recibido. Que eres impotente en su situación. Osea, no mereces nada más de lo que tienes ahora. Tal vez incluso hayas llegado a creer que estas cosas son ciertas. Sin embargo, querida, Él te llama santo. Cuando algo es santo, significa que está dedicado exclusivamente para un propósito. Está diseñado para cumplir un rol para el cual fue diseñado específicamente. De acuerdo con el Salmo 139:13-16, usted fue diseñado específicamente para un propósito, y ese propósito está envuelto en su verdadera "identidad de Dios". Algunas veces nuestras propias inseguridades, la religiosidad y el ego trabajan contra nosotros para desafiar nuestra verdadera identidad y el propósito por el cual fuimos creados. El enemigo también tiene un plan para distraerte y disuadirte de tu propósito. Su plan insidioso se estableció en el Jardín (Génesis 3:5) mucho antes de que tú o yo hiciéramos nuestro entrada al tiempo y espacio natural .

Sin embargo, sus artimañas siguen siendo las mismas ... ¡quiere que usted dude de su identidad! Por lo tanto, todo el sistema mundial está configurado para luchar contra usted en cada paso del camino. No temas, querida. El autor de la luz reside en ti, y donde hay luz, no puede haber oscuridad.

Entonces, ¿cuál fue nuestra identidad como "mujeres" que nos fue dado en Génesis? El nombre Eva significa dador de vida, pero también significa futuro. ¡Mujer de Dios, tú eres el reflejo de la vida de Dios, eres vida y fuiste destinada para declarar, mostrar y dar a luz el futuro que Dios pretende! Todo acerca de usted, tanto física como espiritual, fue diseñado para recibir los ingredientes de la vida, nutrir y hacer crecer esa vida y traer la vida a la luz cuando esté lista para existir por sí sola.

Hace muchos años, mientras estaba orando, vi la visión de una hermosa mujer vestida con un vestido verde brillante. Ella estaba de pie ante un campo recién arado. Por lo que el ojo podía ver era rico, tierra negra lista para recibir semillas y producir frutos. La mujer se agachó, metió las manos en la tierra y lanzó una sustancia verde al suelo. Inmediatamente las plantas y los árboles comenzaron a brotar, crecer y producir todo tipo de fruta. Entonces oí una voz que decía: "Esta es Eva, y el propósito de todas sus hijas".

Creo que Eva, cuando estaba en el Jardín, sabía esto. Ella caminó con Dios en el fresco del día y tuvo comunión con él. ¿Por qué Eva deseaba el "fruto prohibido"? ¿Cuál fue el efecto prometido? La serpiente le dijo a ella que "cuando comas de ella, serás como Dios sabiendo tanto el bien como el mal ..." Él le dijo que ella sería más como Dios. Él le dijo a ella que "conocer el bien y el mal" la haría más parecida a Dios. Él le dijo que Dios sabía esto y se lo estaba ocultando. La serpiente se aprovechó de su deseo y amor por Dios y lo convirtió en inseguridad. Él sembró semillas de duda en ella tanto sobre su identidad como sobre las intenciones de Dios hacia ella. Esto es lo que hace la religión a través del ego. Toma lo que es puro, lo siembra con temor, y cosecha una cosecha de ley y muerte.

Piense en la oferta que se le estaba dando, la promesa de ser "más como Dios". ¡¿Como puede ser?! Si Dios mismo la hizo a su imagen y después de su semejanza, ¿qué más se podría agregar? ¿Hizo Dios un mal trabajo de modelarla a ella (y a su lado masculino, Adán) después de Él? Mi amigo, no compre la mentira. ¡No puedes ser más como Dios de lo que eres hoy! Fuiste creado a su imagen y según su semejanza. ¡No puedes ser más como Dios que eso! ¡¿QUÉ?! ¿Cómo puede ser esto? "No actúo como Dios", te dices a ti mismo. "Por qué, a veces miento, engaño y lastimo egoístamente a los demás". Es cierto, todos se quedan cortos, pero el hecho de que hayas hecho estas cosas no niega quién y qué, realmente eres. Una vez escuché a un ministro decir: "Puedes estacionar una bicicleta en el garaje todo lo que quieras. No lo hace un coche. Incluso puedes sentarte en él y hacer ruidos de autos, aún es una bicicleta ". De la misma manera, puedes actuar como quieras. Esto no cambia quién eres o cómo te ve Dios.

¡Espere! Pero Dios no es una mujer, ¿verdad? A través de los años, Dios ha sido por la mayor parte (si no completamente) retratado usando características masculinas. Sin embargo, tanto el hombre como la mujer fueron creados a su imagen y después de su semejanza. Por favor, entienda que no estoy hablando de sexo, sexualidad o incluso roles de género. Las cualidades de Dios nunca deben reducirse a tales términos carnales; sin embargo, existen funciones y cualidades masculinas y femeninas, incluso en el sentido físico, que reflejan una realidad espiritual más profunda. No debemos temerles. Entonces, damas, he aquí algunos de los aspectos femeninos de Dios sobre cuales raramente (tal vez nunca) escuchamos:

1. **Uno de los nombres de Dios es El-Shaddai** (Gen. 35:11). Significa el de muchos pechos. La calidad de la nutrición, el desarrollo y el cuidado de los jóvenes e indefensos es una cualidad que forma parte de la naturaleza misma de Dios. Tienes pechos capaces de producir leche. Tienes un instinto para cuidar y ayudar el desarrollo de los jóvenes e indefensos. Es parte de la imagen y semejanza en ti. Mujer de Dios, estás diseñada y ungida para cuidar, nutrir y madurar a los jóvenes (espiritualmente o naturalmente). Esta es una de las razones por las que el diablo no quiere pastoras y mujeres líderes en las iglesias.

2. **Nuestro Dios es el creador y el progenitor de la vida.** Nada, ni en el reino natural ni en el espiritual, existe excepto lo que se concibió por primera vez en la mente de Dios. Colosenses 1:15-16 dice "Cristo es la imagen del Dios invisible, el primogénito de toda creación, 16 porque en él fueron creadas todas las cosas, las que hay en los cielos y las que hay en la tierra, visibles e invisibles; sean tronos, sean dominios, sean principados, sean potestades; todo fue creado por medio de él y para él.." Mujer de Dios, tienes un útero, no solo para la semilla natural sino también para la semilla espiritual. Así como Él es la fuente de toda vida, tú eres Su reflejo como dadora de vida y co-creadora. Hebreos 11:3 dice: "3 Por la fe comprendemos que el universo fue hecho por la palabra de Dios, de modo que lo que se ve fue hecho de lo que no se veía.."

3. **En el hebreo, la palabra para Espíritu Santo siempre aparece en el femenino.** El Espíritu se cernió sobre las aguas en el amanecer de esta creación natural y tomó la palabra hablada de Dios "Luz sea" y con ella creó un mundo entero lleno de plantas, animales y todo tipo de seres vivos. Como mujeres, somos conocidos por el ingenio y la capacidad de hacer "más de menos". Para citar a Erick S. Gray: "Lo que le des a una mujer, ella lo hará mayor. Si le das esperma, ella te dará un bebé. Si le das una casa, ella te dará un hogar. Si le das comestibles, ella te dará una cena. Si le das una sonrisa, ella te dará su corazón. Ella multiplica y amplía lo que se le da ". Jesús demostró esta cualidad de Dios en El Evangelio de Marcos, capítulo seis, cuando tomó los cinco panes y dos peces para alimentar a 5,000 personas.

4. **Multitarea.** Uno de los trabajos del Espíritu Santo es administrar los dones en la iglesia. I Corintios 12: 7-11 (NVI) declara: "Ahora a cada uno se le da la manifestación del Espíritu para el bien común. A uno le es dado por medio del Espíritu un mensaje de sabiduría, a otro un mensaje de conocimiento por medio del mismo Espíritu, a otra fe por el mismo Espíritu, a otro don de curación por ese único Espíritu, a otro poder milagroso, a otra profecía, a otra que distingue entre espíritus, a otra que habla en diferentes tipos de lenguas, y aún a otra interpretación de lenguas. Todo esto es obra de un mismo Espíritu, y él los distribuye a cada uno, tal como lo determina ". De repente, alguien puede tener una canción, otra puede tener una palabra profética y otra una revelación. Todos estos dones fluyen simultáneamente e interrelacionados, de modo que parece planeado hasta el último detalle. En una habitación llena de individuos de diferentes edades, condiciones sociales y circunstancias, sin embargo, ha adaptado nuestras reuniones para satisfacer las necesidades de todos. ¡Esto es tan "mujer"!

En Génesis 2:18 la frase וְדָגְנָכ רֶזַע (ezer kenegdo) se utiliza para describir la relación de la mujer con su hombre. La mayoría de las traducciones bíblicas muestran alguna versión de ayuda calificada para "ezer kenegdo". Ezer se usa para describir a la mujer aquí en Génesis, pero también se usa para describir a Dios 16 veces como el "ayudante" de la humanidad cuando necesitaba protección y salvación. La palabra hebrea ezer es una combinación de dos raíces: `-z-r, que significa" rescatar, salvar ", y g-z-r, que significa" ser fuerte ". R. David Freedman incluso sugiere, sobre la base del hebreo posterior, que la segunda palabra en la expresión hebrea (kenegdo) que se encuentra en este verso, debe ser igual a él. Si es así, entonces Dios hace del hombre una mujer totalmente equivalente a él, y totalmente compatible.

Incluso hoy, seguimos siendo víctimas de la misma trampa de buscar algo fuera de nosotros (lo que Dios ha hecho), algo que nos haga más como Dios cuando ya somos imagen y semejanza. Los hombres solos no son la semejanza. Las mujeres solas no son la semejanza. Juntos, trabajando en armonía y unidad con Dios, somos imágen y semejanza. ¡Jesús vino para restaurar nuestras identidades (masculinas y femeninas) y quitar la excusa del pecado! Jesús dijo: "Yo soy el camino, la verdad y la vida. Nadie viene al Padre, sino por mí "(Juan 14: 6)

La palabra griega para verdad aquí no es la misma palabra que se usa para un hecho. A menudo los creyentes confunden la verdad bíblica con un hecho científico (el estado actual repetible de nuestro entorno natural). Los hechos nos dan un sentimiento de control y seguridad. La palabra usada aquí para verdad significa literalmente "no ocultar". La verdad bíblica es revelar lo oculto, es la no-ocultación, la transparencia, la revelación. La mayoría de los seres humanos somos muy incómodos con la transparencia y ser vulnerables.

Mire nuevamente a Eva en Génesis 3, descubrimos que ella estaba buscando algo fuera de lo que Dios la hizo para que se pareciera más a Dios. Jesús, en Juan 14, nos lleva de nuevo al Jardín cuando vuelve a conectar nuestra identidad con la relación íntima en lugar de información, hechos y reglas. Jesús dice "yo soy ... la verdad". En la mentalidad de la sociedad occidental, la palabra verdad equivale al término "hecho irrefutable". En Jesús volvemos a la vida basada en la relación; la vida para la que fuimos creados originalmente. Esta es la vida que siempre hemos anhelado, pero no pudimos reconocer. Los discípulos de Jesús todavía estaban pidiendo un tutorial de reglas sobre cómo comportarse para llegar a ser más como Dios, cuando dicen "no sabemos el camino a dónde vas". Entonces Jesús dice: "Yo soy el camino ..." esa palabra "camino" significa "caminando por un sendero o proceso". Jesús le dijo a sus discípulos: Yo soy el proceso de revelar la vida de Dios.

¡Jesús sabía quién era Él! ¡Es tiempo de que las mujeres y los hombres de Dios también sepan quiénes son! Como mujeres, redimidas y con los ojos abiertos, llegamos a ser también el proceso de revelar la vida y los propósitos de Dios en esta tierra (véase 1 Juan 4:17).

Cada día se nos presentan oportunidades para dar vida, para declarar el futuro de Dios, para ser epístolas vivientes y mostrar el camino.

2 Corintios 3: 3-6 (NVI)

3 Y es manifiesto que sois carta de Cristo expedida por nosotros, escrita no con tinta, sino con el Espíritu del Dios vivo; no en tablas de piedra, sino en tablas de carne del corazón

4 Esta confianza la tenemos mediante Cristo para con Dios.

5 No que estemos capacitados para hacer algo por nosotros mismos; al contrario, nuestra capacidad proviene de Dios

6 el cual asimismo nos capacitó para ser ministros de un nuevo pacto, no de la letra, sino del Espíritu, porque la letra mata, pero el Espíritu da vida."

A menudo, esas oportunidades de ser una carta de Cristo a otros vienen de nuestras "cosas ocultas". ¿Conoces esas partes de ti, tu vida y tu comportamiento de las que no estás orgulloso? Cuando ya no nos escondemos. Cuando somos reales. Cuando somos humildes. La verdad se manifiesta y esa verdad nos hace a nosotros, y a quienes nos rodean, libres (véase Juan 8:32). Cuando nos negamos a escondernos detrás de las hojas de higuera espirituales, participamos en la verdad y regresamos a nuestro estado de jardín donde solo se aplican las reglas del jardín. Cuando Adán y Eva formaron cubiertas con hojas de higuera, cubrieron sus partes íntimas. Cuando nos escondemos por miedo a la intimidad y la vulnerabilidad, también estamos diseñando "hojas de higuera".

Cuando las oportunidades nos exigen ser vulnerables, a menudo las extrañamos. Más exactamente, los evitamos y huimos de ellos. A menudo, estas oportunidades desafían nuestras creencias religiosas y chocan con nuestras normas y morales culturales. Nuestra cultura, tanto religiosa como nacional, nos capacita para mostrar solo nuestro "lado bueno". El Reino no funciona de esa manera. ¿Por qué otra razón está Dios repetidamente escogiendo a los "profanados" para mostrar Su santidad? El débil; para demostrar su fuerza? Los lugares áridos; ¿Para traer vida abundante?

Aquí volvamos a nuestro ejemplo y reseña de La mujer en el pozo: El Capítulo 4 de Juan nos cuenta la historia de una mujer que realizaba su rutina diaria: extraer agua de un pozo. Hoy fue diferente porque estaba a punto de tener un encuentro con "el camino, la verdad y la vida". Estaba a punto de iniciar un viaje con el "proceso de revelar la vida que Dios pretende". Estaba a punto de esclarecerla de una manera que había estado evitando durante muchos años. Por supuesto, lo sabemos, pero ella no tenía idea ninguna de lo que venía. De hecho, ¡puede que incluso haya elegido esta hora para sacar agua específicamente porque nadie estaría allí! Ya sea que lo haya querido o no, parece que fue a sacar agua durante una hora del día en que las otras mujeres no estaban allí. Hay un par de teorías sobre por qué estaba sola y sacaba agua sin las otras mujeres. Algunos dicen que ella era una mujer inmoral y sabía que las otras mujeres eran conscientes de su estilo de vida inmoral y que las otras mujeres la odiaban.

Entonces, ella los evitó, las miradas, los susurros, y muy probablemente los insultos. Lo más probable es que los cinco de sus maridos hayan muerto (quizás también dejándola sin hijos) y nadie quisiera casarse con ella. Entonces, ella se encontró a sí misma dependiendo de un hombre que no la reclamaría oficialmente. Sí vemos un ejemplo de una situación similar presentada a Jesús (Mateo Capítulo 22).

La Biblia no nos da ningún detalle sobre el por qué de las circunstancias de esta mujer. Casi puedo escuchar la voz de mi padre diciendo: "¡Porque no no es asunto tuyo, no importa!" La cultura religiosa nos ha arraigado un estilo de vida vergonzoso, de tal manera que no sabemos cómo lidiar con los problemas de situaciones difíciles al menos que encontremos una forma de echar la culpa.

Mi opinión es que es más probable que ella sea una víctima que una mujer inmoral porque Jesús nunca dice "ve y no peques más". Además, ella nunca busca o pide perdón. En cualquier caso, es natural que una persona en su situación buscara la soledad. Cualquiera en su situación hubiera hecho lo mismo. ¿Cuántas veces hemos evitado ciertas personas o situaciones porque los hacemos sentirse incómodos? Incluso nos decimos a nosotros mismos que en realidad les estamos haciendo un favor a esas otras personas evitándoles la situación incómoda o los recuerdos dolorosos que podríamos traer con nuestra mera presencia. Ahora, ¿no es eso amable y espiritualmente maduro de nosotros? Si estuviera en su situación, ciertamente me sentiría desesperada y deprimida.

Cuando ella se acercó al pozo, Jesús estaba allí solo. Hizo lo impensable: le habló. Él le pidió una bebida. ¡Déjalo a Dios pedirle a una mujer sedienta un trago de agua! Una de las claves para superar las dificultades y desbloquear nuestra verdadera identidad en Cristo es comprometernos cuando queremos desconectarnos, amar cuando queremos odiar y avanzar cuando queremos retirarnos. "De acuerdo con su poder divino, nos ha dado todas las cosas que pertenecen a la vida y la piedad, a través del conocimiento de aquel que nos ha llamado a la gloria y la virtud" (2 Pedro 1: 3). Jesús le presenta la verdad: todo lo que necesitas y lo que crees que te falta está escondido dentro de tu "verdadero yo".

Después de que Jesús tiene su atención, y su deseo de "agua viva" se despierta, Jesús le pide que traiga a su esposo y le revelará cómo obtener "agua viva". Solo puedo escuchar sus pensamientos (¡Ay, caray! Tenía muchas ganas de evitar este tema por completo). Entonces, en un último esfuerzo por dejar de lado toda la razón por la que apareció en el pozo en primer lugar, ella dice que no tiene marido (así se esconde detrás de una verdad a medias). Cuando Él revela su secreto (no está casada con el hombre con el que está), inmediatamente regresa a la ciudad para decirle a todos que necesitan escuchar las palabras de la persona que "me dijo todo lo que he hecho". En algún lugar de la interacción, ella perdió su miedo y se convirtió en una evangelista descarada. ¡Lo que ella luchó tan duro por ocultar ahora se convierte en su estandarte! Lo que ella estaba evitando era lo que necesitaba no sólo para liberarse a sí misma, sino también para ser un catalizador para atraer a muchos otros a Cristo.

¿Puedes imaginar que el Creador del Universo quiere usar esa cosa que estás ocultando como una herramienta para reflejar su imagen y semejanza? ¿Qué pasaría si le llevara su dolor al creador y le permitiera responder sus preguntas, decirle quién es y despertar aguas vivas que nunca se secarán? Al igual que la mujer en el pozo, tu instinto será huir, esconderse y evitar los problemas reales de tu corazón y de tu vida. Cuando finalmente te abres, aunque sea un poco, Jesús te dirá "todo lo que has hecho". Cómo ella, encontrarás que ninguna de esas cosas te definen. Tu identidad está en tu génesis: imagen y semejanza del Creador. Eres vida y luz.

¿Qué estaba diciendo realmente cuando dijo que "... me dijo todo lo que he hecho"? ¿Estaba tan asombrada de Su percepción profética, falta de culpa y juicio, que ella exageró? O bien, ¿hubo más? Una mirada rápida a la cultura oriental puede ayudar a arrojar algo de luz sobre la situación. Claramente, al releer la conversación entre Jesús y la mujer, ella había hecho mucho más de lo que Él le reveló. Todo lo que dijo es "has perdido a cinco maridos y el hombre con el que estás ahora no se casará contigo". La "cosa oculta" que Jesús reveló habló sobre su identidad en la comunidad. Ella había abrazado la identidad de "mujer de mala reputación" o "esa pobre mujer" (no estoy segura cuál es la peor), y Jesús le reveló que en realidad era una dadora de vida. Solo se había percibido a sí misma como una tomadora. La mujer que fue una sentencia de muerte a cualquier hombre que se atreviera a casarse con ella. Uno que depende completamente de la capacidad de otros para proveer para ella. La mujer que no vale la pena reclamar o asumir la responsabilidad. Impotente. Sola. Rechazada. Veneno.

Las palabras de Jesús agitaron y despertaron dentro de ella una antigua verdad que su "espíritu" conocía, pero hasta este momento había estado oculta de su conciencia. Con esto en mente, su declaración se traduciría mejor "Ven, ve a un hombre que me dijo quién soy". Cuando te encuentres con el Agua Viva, serás despertado no solo a quién es Él, sino también a quién eres tú. Cuando miras al espejo de la Palabra viva, tu reflejo revelará a un glorioso hijo de Dios, transformado de gloria en gloria (2 Corintios 3:18). Ya no verás a una persona carente e indigna. Cuando miras el pozo del agua viva, el espejo de la palabra viva (Jesucristo), verás el reflejo de alguien que es la imagen y la semejanza del creador del universo (Salmos 23).

Jesús usó al náufrago de la ciudad para ganar la ciudad al elevarla de un lugar de desprecio, la depresión y la vergüenza, a una posición de honor y cumplió el verso en Isaías 54: 1 "... más son los hijos de los desamparada ... ". Si te adhieres a la teoría de la ramera: su sed espiritual la llevó a los brazos de muchos amantes físicos. Su don (de agitar el deseo en otros) hizo que muchos hombres se desviaran; posiblemente incluso de compromisos matrimoniales, resultando en la ruina y la muerte. Sin embargo, el único amante que pudo saciar su sed y proporcionarle el "fruto de la matriz" que realmente deseaba era su "amante celestial".

Si te adhieres a su estatus de víctima: esta mujer que, sin importar con quién se case, se vuelve viuda. Una mujer que una vez sólo tomó y no dio (como un hoyo negro relacional), ahora ha traído vida espiritual a un pueblo entero. El paria de la ciudad, su presagio de la muerte, es ahora el heraldo de las buenas nuevas y la entrega de la vida eterna a todos. De cualquier manera, cuando abrió la verdad (al no estar segura de su esterilidad en el camino, la verdad y la vida), trajo una ciudad entera de hijos espirituales al reino y a los brazos del Padre amoroso. La que una vez únicamente era fuente de pérdida y dolor, ahora es portadora de alegría y vida. Su don despertó el deseo de otros de beber de este pozo para sí mismos, y comenzó a cumplir su verdadero diseño; trayendo vida al pueblo y asegurando el futuro de todos los que creyeron. Dios convirtió su falta de vida en producir vida en la plenitud de la gloria.

Es hora, mujer de Dios. Permita que el Padre retire el velo de la vergüenza, la culpa, la depresión, el abuso. Nombra tu velo aquí y revela Su imagen gloriosa en y a través de ti. Permita que el Padre haga un banquete de su hambre, convierta sus tristezas en gozo y desate la fuente de aguas vivas que siempre ha existido en usted.

El pozo de último recursos

¿Cómo fue el proceso de la mujer samaritana? Jesús se sentó solo junto a cierto pozo, en cierta ciudad, esperando a cierta mujer. Dios estaba seguro de esta mujer. Aunque a los discípulos les haya parecido un desvío en el camino hacia el verdadero destino, esta "parada de descanzo" fue por diseño. La historia en el capítulo 4 de Juan (te animo, leerlo nuevamente y con nuevos ojos) sólo nos da una pequeña idea de la importancia del pozo en el que se encontraron Jesús y la mujer samaritana. Aquellos involucrados en la interacción no hubieran necesitado ninguna explicación. Todo en este encuentro es por diseño. Diseñado específicamente para aprovechar los recesos internos del alma de esta mujer. La ciudad, el pozo, la región e incluso la hora del día tienen conexiones con su historia y su espiritualidad. Ella le da al pozo una gran importancia espiritual cuando se refiere a su "padre Jacob" que le dio el pozo a "su pueblo". La historia de este pozo particular gira en torno a la lujuria, la violación y la política. Según la investigación, la mayoría está de acuerdo en que el pozo de Sicar (en griego) mencionado aquí es el pozo de Sequím (en hebreo) en el Antiguo Testamento.

Siquem se menciona por primera vez como un lugar donde vivió Abrám (Génesis 12:6). Más tarde, Jacob se estableció allí a su regreso a Canaán (Génesis 33:19) y compró la tierra a Hamor el heveo, el padre de un hombre llamado Siquem. A Siquem le gustó la única hija de Jacob, Dina, la hija de Lea, que también era madre de la mitad de los hijos de Jacob. Después de que Siquem tomó a Dinah por la fuerza, sus hermanos Simeón y Levi destruyeron y saquearon la ciudad (Génesis 34). Su padre, Jacob, aparentemente estaba más preocupado por las consecuencias políticas de las acciones de sus hijos que por las de Siquem (versículo 30), y rescindió sus derechos como hijos número dos y tres (49: 5-7 - hijo número uno, Reuben, ya había perdido su posición al dormir con Bilhah, la concubina de su padre; 35:22 y 49: 4). Así, el hijo número cuatro, Judá, se convirtió en el más prominente.

Según las Publicaciones Abarim, el nombre Siquem (que significa literalmente hombro) significa (tener un sentido de) responsabilidad. Esto puede parecer un nombre bastante extraño para un violador, pero debe notarse que Siquem tenía todas las intenciones de casarse con Dina (Génesis 34: 4), que en aquellos días puede haber sido más inusual que una violación. Incluso tendrá que "asumir la responsabilidad" por lo que había hecho.

El nombre griego Sicar, significa "fin", y creo que la diferencia en el nombre tal como aparece en Juan 4 (a diferencia de Siquem, en el Antiguo Testamento) no es un error. Jesús estaba esperando a la mujer samaritana al "final de lo que podía soportar". Allí encontró a Uno que se haría responsable de ella (recuerde que el hombre que ahora tenía no era su marido, no la reclamaría ni se haría responsable de ella). - Ya sea por temor o por vergüenza, no lo sabemos. No hace falta decirlo, ella estaba en su fin y es exactamente donde tenía que estar para convertirse en dadora de vida. La mayoría de nosotros, en un momento u otro hemos sentido la punzada del rechazo y la sensación de ser un marginado. Esta mujer había estado viviendo en aislamiento emocional durante mucho tiempo. Cuando finalmente se encontró con Jesús, estaba al final.

Cuando lleguemos a nuestro "fin", encontraremos El Salvador que espera darnos agua viva que brota (dentro de nosotros) e imparte vida a muchas almas igualmente sedientas. Para la mayoría de nosotros, el fin no se alcanza hasta que agotamos todas nuestras fuerzas y recursos. Sin embargo, es nuestra elección. Decidimos cuándo saldremos del camino y aceptaremos lo que ya es verdad acerca de nosotros mismos: somos hechos en su imagen y semejanza. Cuando llegó a Sicar (el final), encontró su identidad y fue recibida a una familia mucho más grande de lo que podría haber imaginado (o producido sóla).

Según la iglesia católica, el nombre de la mujer samaritana era Fotini. "Ella vivió en el primer siglo de Palestina. Ella era la mujer samaritana que Cristo visitó en el pozo pidiéndole agua. Fue ella quien aceptó el "agua viva" ofrecido por Cristo ... Ella fue y le dijo a la gente de su pueblo que había conocido al Cristo. Por esto, a veces se la reconoce como la primera en proclamar el Evangelio de Cristo. Convirtió a sus cinco hermanas (Sts. Anatole, Foto, Fotis, Paraskeve y Kyriake) y sus dos hijos (Victor y Joses). Todos ellos se convirtieron en incansables evangelistas para Cristo.

Los apóstoles de Cristo la bautizaron y le dieron el nombre de Fotini, que significa "iluminado". La Iglesia la recuerda como una Santa Mártir e igual a los Apóstoles. Después de que los santos Pedro y Pablo fueron martirizados, Santa Fotini y su familia abandonaron su tierra natal de Sicar, en Samaria, para viajar a Cartago para proclamar el Evangelio de Cristo allí "(puede leer más sobre esto en: http: // www. antiochian.org/st-photini-samaritan-woman). El encuentro de Photini con Jesús se parece mucho a otro encuentro del Antiguo Testamento en Génesis 29.

Entonces Jacob continuó su viaje y llegó a la tierra de los pueblos del este. Allí vio un pozo en el campo abierto, con tres rebaños de ovejas yaciendo cerca porque los rebaños se regaron de ese pozo. La piedra sobre la boca del pozo era grande. Cuando todos los rebaños estaban reunidos allí, los pastores tiraban la piedra de la boca del pozo y regaban las ovejas. Luego devolverían la piedra a su lugar sobre la boca del pozo. Jacob le preguntó a los pastores: "Hermanos míos, ¿de dónde eres?" "Somos de Harran", respondieron. Él les dijo: "¿Conoces a Labán, el nieto de

Nahor?" "Sí, lo conocemos", respondieron. Entonces Jacob les preguntó: "¿Está bien?" "Sí, lo está", dijeron, "y aquí viene su hija Raquel con las ovejas". "Mire", dijo, "el sol todavía está alto; no es hora de que se reúnan los rebaños. Riega a las ovejas y llévalas al pasto "." No podemos ", respondieron," hasta que todos los rebaños se reúnan y la piedra se haya retirado de la boca del pozo. Luego, regaremos las ovejas ". Mientras él todavía estaba hablando con ellas, Raquel vino con las ovejas de su padre, porque ella era una pastora. Cuando Jacob vio a Raquel, hija de su tío Labán, y las ovejas de Labán, él se acercó, hizo rodar la piedra de la boca del pozo y regó las ovejas de su tío.

El segundo verso de este pasaje dice que la piedra sobre la boca del pozo era grande. Raquel no podría quitarlo por su cuenta. Los otros pastores también esperaban refrescarse, sujetos a una regla que había estado vigente durante mucho tiempo. De manera similar, el obstáculo entre la Mujer del Pozo (Fotini) y su agua espiritual refrescante y que sostiene la vida era demasiado grande para que ella la levantara sola. Ella también tenía reglas religiosas y culturales que le impedían beber las aguas vivas. Cuando se les preguntó por qué los pastores no quitarían la piedra, respondieron que aún no era el momento.

¡Había reglas que seguir y ninguna (incluso las ovejas) estaba recibiendo alivio hasta que se cumplieran todas las condiciones! La mujer del pozo, Fotini, no pudo cumplir con las condiciones requeridas para su propia realización. Así como Raquel no pudo quitar la piedra sin ayuda. Sin embargo, al igual que Jacob, Jesús no estaba dispuesto a hacer que ella (o los otros a quienes ella dirigiría y regaba) esperaran cuando la fuente de la vida estaba justo frente a ella.

A pesar de que el "tiempo oficial" para entregar el perdón del pecado no había llegado oficialmente como obra completa, Jesús continuamente libera a las personas de sus pecados y las consecuencias de ellos (2 Co. 6:2). ¿Por qué? Porque su identidad es y fue Salvador. Jesús nunca hizo esperar a nadie para participar en su vida y darse cuenta de su identidad porque los demás no estaban "preparados". La religión pone límites y requisitos a las personas. La religión nos dice que no estamos "listos". La religión dice: "Algún día serás _____". La religión le dijo a Fotini que adorara en esta montaña y siguiera estas reglas.

El encuentro de Fotini con Jesús en el pozo de sus antepasados fue como una voz que a través de los siglos decía: "¡Eres más!" Fotini no solo venía al pozo de Jacob, sino que también extraía del pozo al mismo tiempo que su antepasada Raquel habría sacado del pozo. Como Jacob, Jesús no haría que la mujer esperara a que todos los demás se presentaran antes de que las aguas pudieran ser dispensadas. Él elevaría a Fotini como Jacob elevó a Raquel sirviéndola primero. Fotini, sin duda conoció esta historia e hizo estas conexiones. En su corazón, algo histórico estaba sucediendo.

Al igual que Fotini, Dios no te hace esperar a un esposo, pastor, hijos o cualquier otra persona o circunstancia antes de descubrir el pozo y soltar tu fuente de agua viva. Jesús se sienta junto a tu pozo, y llama a tus lugares profundos, agitando las profundidades de quién eres y despertándote a sus deseos por mucho tiempo latentes dentro de tu alma.

A menudo, Dios pondrá personas en nuestras vidas quienes nos ayuden a descubrir nuestros pozos tapados y detenidos. Estas personas vienen en momentos estratégicos de nuestras vidas con una palabra, un hecho o una relación que es un catalizador para cebar el manantial. Puede ser un mentor, un pastor, un padre, un extraño completo o incluso a través de un libro o película. A veces, traen preguntas difíciles, desafían nuestras creencias religiosas y nos hacen sentir incómodos. Sin embargo, surgirá una sed espiritual que supera nuestra reticencia y nos impulsa hacia la verdad de nuestra identidad. Sus palabras y acciones resuenan en nuestras almas y producen un ardiente "¡SÍ!". Nuestros corazones lloran: "Aunque nunca he escuchado (visto), ¡sé que es verdad! ¡Sin saberlo, esto es lo que he estado esperando! "Con Fotini nos atrevemos a preguntar:" ¿Podría ser este el Mesías (Jn. 4:29)?" En estos momentos, nuestros corazones saltan dentro de nosotros y es como estamos renaciendo.

En estos encuentros nos vemos obligados a actuar. Una acción que no nace del miedo, el deber, la responsabilidad o la compulsión religiosa, sino un acto que surge de una emoción apasionada que sólo resulta de una nueva vida. Esta fue la respuesta de Fotini, la mujer en el pozo. Esa Samaritana solitaria abandonó su encuentro para decirle a todos lo que podía sobre el hombre que acababa de poner su mundo de la manera correcta.

Una vida de perdón

La mujer en el pozo no recibió un perdón especial por ganar una ciudad. Ella no fue elegida porque ningún hombre estaba disponible, así que Dios se vio obligado a usar a una mujer. Jesús estaba desafiando constantemente el clima religioso actual de castigo por los pecados. Juan 8:1-11 cuenta la historia de una mujer sorprendida en adulterio que fue llevada a Jesús por los fariseos para juzgarla. Esa conversación terminó en "tampoco te condeno" ... En Marcos 2:1-12 hay otra historia, esta vez se le trae a Jesús un paralítico y Jesús dice "... tus pecados son perdonados ..." Por supuesto, los líderes religiosos se resisten en su audacia.

¡Entonces Jesús hace algo sorprendente, sana al hombre para probar el punto y comprobar su perdón completo! Esto no fue una demostración de poder "machista". Jesús deja claro que lo que Él está por hacer es para que ellos "sepan que el Hijo del hombre tiene poder en la tierra para perdonar los pecados". Una de las razones por las que esta curación fue tan significativa es porque había una creencia generalizada de que las enfermedades como las de este hombre eran el resultado directo de los pecados cometidos por el propio hombre o transmitidos por sus padres o ancestros. En efecto, Jesús estaba diciendo, no solo estoy perdonando a este hombre sus pecados sino que también lo estoy liberando de las consecuencias de sus (percibidas) acciones.

Nuestra familia realmente disfrutó las dos películas de Guardianes de la Galaxia. Algo sobre el personaje Groot (en Guardians of the Galaxy) me hizo pensar en nuestra identidad en Cristo. Este árbol humanoide, móvil solo tiene tres palabras en su vocabulario que siempre se presentan en el mismo orden: Yo, soy, Groot. A partir de esta declaración de su "nombre / identidad" se encuentra la respuesta a cada pregunta, y todos los que lo conocen parecen entender exactamente lo que está diciendo. ¿Qué pasaría si nosotros, como hijas del Rey, pudiéramos llegar a un lugar donde nuestra identidad sea suficiente para responder a cualquier situación de la vida? Dónde quiénes somos es suficiente. No hay explicaciones o excusas necesarias. Yo soy _____. Hijo/a del Dios vivo. Imagen y semejanza del creador del universo. Cuando Moisés le preguntó a Dios por un nombre, él respondió: "YO SOY".

Hija (e hijo) del Altísimo, cuando la vida o la gente te preguntan: "¿Quién crees que eres para poder _____?" También puedes responder: ¡YO SOY! Como Groot, cuando operamos desde una posición de nuestra identidad en Cristo, nuestra identidad es una respuesta suficiente para cualquiera o cualquier cosa que cuestione nuestra autoridad. La Mujer Maravilla tuvo una respuesta similar cuando ingresó a la sala de conferencias (no se permitían mujeres) donde discutían el acuerdo de paz. ¿Quién es esta mujer? "Diana, princesa de ..." desafortunadamente fue interrumpida pero eso no cambió su auto-evaluación. Ella nunca olvidó quién era.

Jesús extendió el perdón y la liberación de las consecuencias (enfermedad) del pecado como "el hijo del hombre". Incluso declaró que el "hijo del hombre tiene poder en la tierra para perdonar los pecados". Como un reflejo de la imagen y semejanza de Dios, nosotros, sus hijos e hijas también tenemos el poder de liberar a las personas tanto del pecado como de sus consecuencias. Jesús hizo algo similar para la mujer en el pozo. Aunque no estaba físicamente enferma (a nuestro conocimiento), su situación había resultado en que la aislaran de la comunidad y sufriera a diario el rechazo. Estaba "enferma de corazón".

El pensamiento religioso común supondría que ella (o sus padres) habían cometido algún tipo de pecado que merecía estar en esta situación. Es probable que ella misma creyera que ella merecía la vida que estaba viviendo. Cuando Él le dio esa "agua viva" y la despertó a su verdadera realidad espiritual, también se liberó de la culpa, la vergüenza y el arrepentimiento que surgieron de las decisiones que había tomado en su viaje a Él y del sistema religioso de culpa y castigo. Como Jesús, somos el mismo tipo de fuerza que da vida. Podemos, no solo guiar a las personas al perdón, sino que también podemos ayudar a liberarlos de las consecuencias (percibidas) de sus acciones. Ya sea que se trate de la sanidad física, la sanidad emocional o la sanidad relacional. Como dadores de vida tenemos el poder en la tierra para perdonar los pecados. He enfatizado "en la tierra", porque el perdón ya ha sucedido en el cielo. Jesús pagó el precio en la cruz por todo el pecado (pasado, presente y futuro) en todo el mundo. Ahora estamos facultados para llevar esa realidad celestial a la tierra. Esto es evangelismo. Estas son las Buenas Nuevas que compartimos.

Al igual que Fotini, no predicamos: "¡Ven a Dios y pide perdón para que no pases la eternidad en el infierno!". Nuestra declaración es la de las Buenas Nuevas: "Jesús pagó el precio para que el pecado ya no sea una excusa válida para que continúes muriéndote de sed, revolcándose en una identidad falsa y aislado del amante de tu alma! "¡Ven a casa!

El siguiente paso en el viaje es darse cuenta de que nada de lo que has hecho, haces o harás puede interponerse entre ti y el amor de Dios. Es difícil de comprender, porque va en contra de nuestra naturaleza egoísta y nuestra cultura. Todas las culturas del mundo tienen a las personas que "pagan por sus delitos" como una deuda que tienen con la sociedad. También está incluido en la religión Christiana desde hace más de 500 años. Del principio Dios perdonó todo pecado: pasado, presente y futuro. Estás viviendo en un estado eterno de perdón. Cuando estás lleno de esta realidad, entonces también puedes extender ese mismo perdón a otros.

Romanos 8:1-4:

Ahora, pues, ninguna condenación hay para los que están en Cristo Jesús, los que no andan conforme a la carne, sino conforme al Espíritu

2 porque la ley del Espíritu de vida en Cristo Jesús me ha librado de la ley del pecado y de la muerte.

3 Lo que era imposible para la Ley, por cuanto era débil por la carne, Dios, enviando a su Hijo en semejanza de carne de pecado, y a causa del pecado, condenó al pecado en la carne

4 para que la justicia de la Ley se cumpliera en nosotros, que no andamos conforme a la carne, sino conforme al Espíritu.

La ley no podía traer vida. De hecho, la ley solo trajo la muerte y estableció de una vez por todas que el Árbol del Conocimiento del Bien y del Mal nunca podría y nunca nos hará "más como Dios". Jesús logró todo el "hacer" requerido para caminar en la vida y la libertad. Todo lo que tenemos que hacer es "ser". Acepta la realidad de que somos creados a imagen y semejanza de Dios. Todo lo que Él desea es nuestro deseo de recibir, y ayudar a otros a recibir Su bondad. Al cumplir los deseos de nuestros corazones, reflejamos su imagen y nosotros mismos nos convertimos en dadores de vida (Sal. 37:4). Al hacerlo, agradamos a Dios y despertamos a nuestra verdadera identidad: amados. Cuando eres amado, es natural amar. Cuando se te perdona, es natural perdonar. Si estás luchando para perdonar a otro, entonces busca despertar la realidad de Su perdón radical hacia ti. A medida que su amor crezca dentro de tu corazón, todos los temores de dejar ir tus ofensas también serán expulsados.

Una de esas realidades, en mi viaje hacia la identidad vino de los siguientes versos:

Juan 3:17-19 Reina-Valera 1995 (RVR1995)

17 Dios no envió a su Hijo al mundo para condenar al mundo, sino para que el mundo sea salvo por él.

18 El que en él cree no es condenado; pero el que no cree ya ha sido condenado, porque no ha creído en el nombre del unigénito Hijo de Dios.

19 Y ésta es la condenación: la luz vino al mundo, pero los hombres amaron más las tinieblas que la luz, porque sus obras eran malas.

¿Qué significa todo esto? En pocas palabras, como creyentes debemos ser dadores de vida. Por un lado, no podemos decir "Él ha pagado el precio por los pecados de TODA la humanidad" y, por otro lado, criticar o rechazar a nuestros semejantes porque están "pecando", no importa lo desagradables que puedan ser sus pecados. Cuando abordamos el "pecado", DEBE ser desde la posición de GRACIA e identidad. "Los extremos de nuestros esfuerzos por competir y comparar son inútiles, la virtud más importante es descubrir el valor mutuo (2 Corintios 10:12, Biblia espejo)".

La Mujer del Pozo fue entrenada en la práctica de competir y comparar. Esto es lo que hace la religión. Ella le dijo a Jesús: "Mis líderes religiosos dicen que debemos adorar aquí, pero sus líderes religiosos dicen que debemos adorar en Jerusalén ..." La religión y la cultura moderna no han cambiado mucho desde entonces hasta ahora. La práctica de declarar que uno es correcto y lo otro es incorrecto, uno es bueno y el otro es malo. La respuesta de Jesús fue abrir una "tercera vía, opción o camino". Él respondió: "ninguno, pero los verdaderos adoradores que Dios busca adorarán en espíritu y en verdad". Mientras que la religión mira la exhibición externa y el control superficial, Dios está mirando la fuente interna y los deseos que nos impulsan.

Una de las formas en que reflejamos la imagen y la semejanza es en nuestras actitudes hacia nosotros mismos y hacia nuestros semejantes. Dios no envió a su Hijo al mundo para condenarlo, sino para redimirlo. Del mismo modo, Dios no nos ha enviado a nuestros, Sus semejantes, con el propósito de condenar, sino con el propósito de la redención. Como Jesús, esa redención debe venir de un lugar de amor. No podemos redimir lo que no amamos.

Aquí hay un ejemplo de esta naturaleza redentora que Dios está despertando en su novia. Una pareja vino a mí por oración. Tan pronto como les puse las manos, supe que el hombre estaba abusando a su esposa (esto fue confirmado más tarde por el pastor). Mi mente religiosa, natural y cultural quería exponerlo y reprenderlo. El Espíritu Santo me dijo que "invocara al hombre de Dios, esa verdadera identidad dentro de él, y el cobarde abusivo desaparecerá".

Después de que Jesús "descubrió" el "secreto" de Photini, la liberó de su miedo y vergüenza.

1 Juan 4:17-19 Reina-Valera 1995 (RVR1995)
17 En esto se ha perfeccionado el amor en nosotros, para que tengamos confianza en el día del juicio, pues como él es, así somos nosotros en este mundo.

18 En el amor no hay temor, sino que el perfecto amor echa fuera el temor, porque el temor lleva en sí castigo. De donde el que teme, no ha sido perfeccionado en el amor.
19 Nosotros lo amamos a él porque él nos amó primero.

En cuanto ella experimentó su verdadera identidad, ya no tenía miedo de juicio, porque "el amor perfecto desecha todo temor". Ella podía ir abiertamente y con valentía a los hombres en el pueblo y declarar las buenas nuevas. Cuando percibimos nuestra identidad en Él, y comenzamos a vernos a nosotros mismos como Él nos ve, somos audaces. No solo nos volvemos inmunes al juicio (tanto de nosotros mismos como de los demás), y vemos nuestras fallas percibidas ya no como cosas "malas" sino simplemente como piezas de nuestro viaje, sino que también perdemos nuestro juicio hacia los demás.

A medida que perdemos todo el sentimiento de culpa, lamento y vergüenza, también obtenemos un sentimiento de compasión, perdón y unidad con todos nuestros semejantes. De hecho, esa libertad, compasión, perdón y amor nos impulsa y obliga a que DEBEMOS difundir las buenas nuevas a los demás. En resumen, somos libres para vivir, amar y ser una fuerza redentora en un mundo caído.

El camino de la vida

¡Oro que hoy, como la mujer en el pozo, la realidad de lo que Jesús hizo en la cruz resuene profundamente dentro de ti! Mi deseo más profundo es que todos con el "rostro descubierto" veamos su imagen tanto individual como corporativamente. Que podamos ser transformados a través de esta revelación e ir de gloria en gloria a medida que caminamos por este camino a través de las realidades de Su infinita gracia. Bebe profundamente de las aguas vivas. No volvamos al legalismo superficial (ese vacío, insatisfactorio pozo de asumir la responsabilidad) ni caigamos en la anarquía egoísta (tratando de saciar nuestra sed de significado mediante la gratificación de los deseos carnales):

porque por gracia eres salvo a través de la fe, y no de tus propias obras - ¡qué regalo enviado por Dios!

Gálatas 2:16-18 (Espejo de la Palabra)
"Como judíos, debemos ser los primeros en saber que nadie logrará una posición sin culpa ante Dios a través del desempeño personal de acuerdo con los requisitos de la Ley. Lo que Jesucristo crea acerca de nuestra inocencia es lo más importante; está convencido de que hizo lo suficiente para declarar al hombre justo. Nuestras mejores intenciones de hacer el bien no pueden agregar ningún peso a nuestra justicia. La justicia no es una recompensa por nuestro buen comportamiento. ¡Como creyentes judíos lo sabemos! No tenemos ninguna ventaja sobre ninguna otra persona. Judíos y gentiles por igual eran igualmente culpables, ¡ahora somos igualmente justificados por causa de Jesús y por ninguna otra razón! Sin embargo, si en nuestra búsqueda para descubrir la justicia por la fe en lo que Cristo hizo por nosotros. Encontramos que todavía es posible tropezar; ¡No te vuelvas a etiquetar como un pecador otra vez! ¡El hecho de que hayas pecado no cancela la cruz de Cristo y no te da ninguna razón para abandonar la justificación por la fe como si Cristo fuera culpado por tu distracción! ¡Eso sería absurdo! ¡Solo un estafador intentará ser un hombre de la ley y un hombre de gracia al mismo tiempo!"

"¡El hecho de que hayas pecado no cancela la cruz de Cristo y no te da ninguna razón para abandonar la justificación por la fe, como si a Cristo se lo culpa por tu distracción! Habrá tiempos en que no actúes como la imagen de Dios. Tienes un lado egocéntrico obstinado y egoísta que solo quiere revelarse de vez en cuando. Todos lo hacemos, y este mundo lleva consigo muchas distracciones. No nos liberamos de nuestros egos cuando nos despertamos al Amor de Cristo. Cuando olvidamos, o nos distraemos, y dejamos de actuar como los dadores de vida que somos, es una simple cuestión de redirigir nuestro enfoque hacia las realidades de Cristo. Aquí está la buena noticia del Evangelio: Cristo murió por todos: santo y pecador, judío y gentil. Rojo, amarillo, blanco y negro! (Romanos 6:10 y 2 Corintios 5:15). Escogemos la realidad en la que viviremos: día a día, momento a momento.

Tengo muchos amigos que se resisten a los intentos de mis compañeros creyentes que tratan de evangelizarlos (salvarlos) desde un punto de vista de: conviértase en uno de nosotros ... Entonces debe luchar toda su vida para complacerlo viviendo de la manera que decimos, aunque todos sabemos que no puede hacerlo .... Amigos, este no es el corazón de Dios ni la razón por el cual Jesús murió en la cruz. Alejémonos de la esclavitud del egoísmo y la conciencia del pecado y despertemos a la realidad de la Gracia y la Fe: somos creados a imagen y semejanza de Dios. Todo lo que debemos hacer es reconocer esta verdad y recorrer el camino hacia el descubrimiento de la Imagen del Dios Ilimitado por medio de la transformación, no la conformidad con algún código moral de auto imposición (lea Romanos 12: 1-2).

Cuando la Mujer en el Pozo trajo las buenas nuevas a su comunidad, fue al anunciar: "¡Venga, conozca a alguien que me haya contado todo lo que he hecho!" Como un judío, en el mejor de los casos, Jesús la debió de haber apedreado. Por lo menos ignorarla. En cambio, con un nuevo brillo, audacia e incluso alegría, ¡está anunciando que alguien reveló sus acciones! ¿Por qué estaba tan feliz? Porque ella finalmente sabía quién era ella. ¡Era hermosa, útil y deseable más allá de toda medida! Así es como Jesús "evangelizó". Declaró abatido, marginado e indeseado: "¡Tu Padre Celestial está loco de amor contigo!"

Avancemos más allá del ciclo superficial, hipócrita, vicioso e interminable de pecar-arrepentirse-pecar-arrepentirse y abrir nuestros ojos a un camino para transformar nuestro manera de vivir egoísta, autoservicio, auto-protector, auto-exaltado y conciencia del pecado al modo de vivir y ser en el reflejo desinteresado de Cristo, desinteresado de los juicios de los demás, humilde y vivificante de la verdadera naturaleza de la Deidad. Lo que Jesús nos ofrece es mucho más que un código religioso y un libro de reglas para tratar de vivir y estar a la altura. Jesús nos ofrece la oportunidad de convertirnos en quienes realmente somos, en el interior, libres del miedo al fracaso, la condenación y la culpa ... y a caminar con nosotros hacia la Luz que es la Vida de la humanidad.

En lugar de orar para que Dios te dé más (fe, paciencia, amor, etc.), pídele al Padre que te revele quién eres ante Él. En lugar de orar por sabiduría, virtud o guianza, ¿por qué no agradecer a Dios que la Sabiduría de las Edades fluye a través de usted y comenzar a avanzar con confianza? El Dios que creó el universo y todo lo que hay en él te ama completa e incondicionalmente. Él no puede fallar y no te fallará. Cuando eres amado por completo, no hay riesgo.

Desarrollando el camino

Nuestro enfoque ya no puede ser sobre el pecado, el legalismo, los fracasos, el bien y el mal, el pecado y la muerte. No ignoramos los comportamientos que nos lastiman a nosotros mismos y a los demás. Simplemente reconocemos que brotan de un lugar en nuestras almas donde las mentiras aún reinan y la verdad aún no ha sido aceptada. No descartamos el comportamiento egoísta a expensas de otros, ni lo ignoramos cuando las personas están siguiendo un camino hacia cierta condena.

Reconocemos estas cosas por lo que son: una manifestación de nuestra creencia actual en la mentira expuesta en el Jardín: no eres lo suficientemente Dios. Sin embargo, nuestra respuesta debe ser una que apunte a la vida, la gracia y el amor. La actitud y postura de nuestro corazón es "Todos nosotros, como las ovejas, nos hemos extraviado (Isaías 53: 6)". Cuando una oveja se extravía, no deja de ser una oveja ni de repente deja de pertenecer a su amo.

Debemos recordar que todos estos episodios de "actuación" son simplemente una cuestión de memoria perdida. Nos comportamos "de otra manera" porque olvidamos quiénes somos. Nuestras vidas están diseñadas para ser vividas con el propósito de dar frutos y con el amor altruista de una novia dedicada (Efesios 5:32). Como los hijos de Israel que hemos colocado ante nosotros una elección - diaria (momento a momento, realmente):

Deuteronomio 30:19 Reina-Valera 1995 (RVR1995)
19 A los cielos y a la tierra llamo por testigos hoy contra vosotros, de que os he puesto delante la vida y la muerte, la bendición y la maldición; escoge, pues, la vida, para que vivas tú y tu descendencia

Cada vez que nos involucramos en la muerte y la maldición, la elegimos y dejamos de ser dadores de vida. Elegimos la muerte y la maldición juzgando, maldiciendo a los demás y enfocándonos en el "correcto e incorrecto", el "bien y el mal". Considere el ejemplo de Jesús en la cruz: "Padre, perdónalos, no saben lo que hacen". Jesús sabía que el verdadero poder del Evangelio era y es el perdón. Incluso más que Dios perdonándonos, somos nosotros perdonándores a nosotros mismos y a los demás. Recuerda, simplemente estamos actuando (reflejando) lo que Dios ya ha hecho en el Cielo. El perdón ya fue dado, no en la cruz, sino desde la fundación del universo. Jesús hizo lo necesario para revelar la verdad de nuestra posición con Dios al morir en la cruz. Tal fue la profundidad de su amor y pasión por nosotros. No porque Dios lo requirió, sino porque nosotros lo requerimos.

Es hora de que el Cuerpo de Cristo, creyentes de todo el mundo, detenga la práctica pagana de requerir sangre. No podemos, en las sociedades modernas, requerir sangre física, pero sí nos obligamos a los demás a "pagar por nuestros errores", a "obtener lo que merecemos", ya experimentar la "justicia kármica". Cuando alguien hace algo que consideramos incorrecto, nuestros corazones se alegran cuando reciben un "reembolso". Este no es el corazón de Dios. Dios hizo todo lo posible para asegurarse de que fuimos rescatados de las consecuencias de nuestras decisiones. Incluso cuando esas consecuencias no fueron repartidas por Él, sino por nuestro propio sentido de la justicia.

Los que dan la vida no solo dicen "tus pecados te son perdonados", sino que también declaran "levántate y camina". El cristianismo moderno a menudo dice: "Jesús te perdona tus pecados, pero aún tienes que vivir con las consecuencias de tus malas decisiones". Eso no es lo que Jesús le dijo al paralítico. De hecho, el apóstol Pedro enseñó que "El amor cubre una multitud de pecados" (1 Pedro 4:8) Esta práctica de una vida de perdón será un viaje continuo con crecimiento y descubrimiento continuo de nuestra identidad divina . El amor y el perdón desafiarán continuamente todos los prejuicios religiosos y culturales que han impulsado tu sentido de la justicia.

Se desatará una guerra, pero se nos alienta a "Pelear la buena batalla de la fe, a aferrarnos a la vida eterna, a la que también fueron llamados y a confesar la buena confesión en presencia de muchos testigos (1 Timoteo 6:12). "Al final, es el amor de Dios lo que lleva a los hombres al arrepentimiento. Cuando se apilan junto a la fe y la esperanza, el amor sigue siendo el más grande de estos. Cuando Dios eligió un adjetivo para su nombre, dijo: "Yo soy amor". Jesús dijo (Juan 11:25): "Yo soy la resurrección y la vida, él que cree en mí vivirá aunque muera". Es el amor de Dios el que redime, restaura y da vida a todo lo que se perdió en el jardín. A medida que se restaura su identidad, se ceba su pozo de aguas vivas y la vida comenzará a fluir de sus lugares muertos y estériles.

Epilogo

Tapiz

Tú eres mi tapiz, mi poema.
Una obra maestra por diseño.
Cada aliento se llena con el propósito
de caminar mi camino divino.
Tú eres mi amor, mi jardín.
Mi tesoro escondido secreto.
No creas las mentiras, amada.
Eres mi delicia, mi placer.
Me encantan tus imperfecciones,
tus faltas te hacen entrañable.
Dicen que el amor es ciego.
Yo digo que el amor hace aclara los ojos.
Así que siéntate conmigo un rato.
Beber profundamente de mi fuente.
Deja que la imagen de Mi semejanza
Te devuelva la mirada.
Hasta que todo lo que veas en el espejo
Sea la imagen de Mi gloria.
Mirando fijamente, brillando de ti
Para hacer una nueva historia.

Sal. 139:10-15; Ef. 2:10

www.ingramcontent.com/pod-product-compliance
Lightning Source LLC
Chambersburg PA
CBHW021959290426
44108CB00012B/1138